PEDAGOGÍA DE LA FORMACIÓN DOCTORAL

Lorena Fernández Fastuca

Pedagogía de la formación doctoral

Colección UAI – Investigación

Fernández Fastuca, Lorena
Pedagogía de la formación doctoral / Lorena Fernández Fastuca. - 1a
ed . - Ciudad Autónoma de Buenos Aires: Teseo; Ciudad Autónoma
de Buenos Aires: Universidad Abierta Interamericana, 2018.
240 p.; 20 x 13 cm.
ISBN 978-987-723-170-0
1.Investigación. 2. Doctorado. 3. Pedagogía . I. Título.
CDD 371.1

© UAI, Editorial, 2018

© Editorial Teseo, 2018

Teseo – UAI. Colección UAI – Investigación

Buenos Aires, Argentina

Editorial Teseo

Hecho el depósito que previene la ley 11.723

Para sugerencias o comentarios acerca del contenido de esta obra,
escríbanos a: **info@editorialteseo.com**

www.editorialteseo.com

ISBN: 9789877231700

Las opiniones y los contenidos incluidos en esta publicación son responsabilidad exclusiva del/los autor/es.

Autoridades

Rector Emérito: Dr. Edgardo Néstor De Vincenzi
Rector: Dr. Rodolfo De Vincenzi
Vice-Rector Académico: Dr. Mario Lattuada
Vice-Rector de Gestión y Evaluación: Dr. Marcelo De Vincenzi
Vice-Rector de Extensión Universitaria: Ing. Luis Franchi
Vice-Rector de Administración: Dr. Alfredo Fernández
Decano Facultad de Derecho e Investigación Educativos:
Lic. Perpetuo Lentijo

Comité editorial

Lic. Juan Fernando ADROVER
Arq. Carlos BOZZOLI
Mg. Osvaldo BARSKY
Dr. Marcos CÓRDOBA
Mg. Roberto CHERJOVSKY
Dra. Ariana DE VINCENZI
Dr. Roberto FERNÁNDEZ
Dr. Fernando GROSSO
Dr. Mario LATTUADA
Dra. Claudia PONS

Los contenidos de los libros de esta colección cuentan con evaluación académica previa a su publicación.

Presentación

La Universidad Abierta Interamericana ha planteado desde su fundación en el año 1995 una filosofía institucional en la que la enseñanza de nivel superior se encuentra integrada estrechamente con actividades de extensión y compromiso con la comunidad, y con la generación de conocimientos que contribuyan al desarrollo de la sociedad, en un marco de apertura y pluralismo de ideas.

En este escenario, la Universidad ha decidido emprender junto a la editorial Teseo una política de publicación de libros con el fin de promover la difusión de los resultados de investigación de los trabajos realizados por sus docentes e investigadores y, a través de ellos, contribuir al debate académico y al tratamiento de problemas relevantes y actuales.

La *colección investigación* TESEO – UAI abarca las distintas áreas del conocimiento, acorde a la diversidad de carreras de grado y posgrado dictadas por la institución académica en sus diferentes sedes territoriales y a partir de sus líneas estratégicas de investigación, que se extiende desde las ciencias médicas y de la salud, pasando por la tecnología informática, hasta las ciencias sociales y humanidades.

El modelo o formato de publicación y difusión elegido para esta colección merece ser destacado por posibilitar un acceso universal a sus contenidos. Además de la modalidad tradicional impresa comercializada en librerías seleccionadas y por nuevos sistemas globales de impresión y envío pago por demanda en distintos continentes, la UAI adhiere a la red internacional de acceso abierto para el conocimiento científico y a lo dispuesto por la Ley n°: 26.899 sobre *Repositorios digitales institucionales de acceso abierto en ciencia y tecnología,* sancionada por el Honorable Congreso de la Nación Argentina el 13 de noviembre de 2013, poniendo a disposición del público en forma libre y gratuita la versión digital de sus producciones en el sitio web de la Universidad.

Con esta iniciativa la Universidad Abierta Interamericana ratifica su compromiso con una educación superior que busca en forma constante mejorar su calidad y contribuir al desarrollo de la comunidad nacional e internacional en la que se encuentra inserta.

Dra. Ariadna Guaglianone
Secretaría de Investigación
Universidad Abierta Interamericana

Índice

Presentación de la obra 15
Agradecimientos 21
Introducción 23
1. El doctorado, ambiente de aprendizaje 33
2. ¿Qué es la dirección de tesis? 81
3. La práctica de la dirección de tesis 107
4. Los talleres de tesis 139
5. Espacios formativos no contemplados por los doctorados. La participación en la academia como fuente de aprendizajes 173
Conclusiones 209
Referencias bibliográficas 223

Presentación de la obra

El libro que estamos presentando reviste una gran importancia para entender las distintas perspectivas existentes en la comunidad académica argentina, de acuerdo a las tradiciones disciplinarias e institucionales, sobre los paradigmas que definen la calidad de la investigación científica y de los estudios de posgrado asociados a la misma.

Estos temas estuvieron siempre planteados institucionalmente desde la creación del Consejo Nacional de Investigaciones Científicas y Técnicas (CONICET) en 1958. El grupo de científicos provenientes de la Asociación Argentina para el Progreso de la Ciencias (AAPC), encabezados por Bernardo Houssay, imaginaba al organismo como dedicado exclusivamente a las Ciencias Básicas, para ellos sinónimo de ciencia. En el primer Consejo del organismo no había miembros de las "Ciencias del Hombre" como se denominaba en la época a las Humanidades y Ciencias Sociales. Ante los reclamos de la Academia Nacional de la Historia y de medios como el diario *La Nación*, se creó la Comisión de Ciencias Sociales y Humanidades bajo la dirección, primero, del meteorólogo (luego epistemólogo) Rolando García y, luego de su subdivisión, a cargo del matemático e historiador de la ciencia José Babini. El propio Rolando García señaló más adelante que las becas se asignaron inicialmente a las Ciencias Exactas, ya que las Humanidades no existían en el CONICET, y fue motivo de un enfrentamiento con Houssay lograr que se asignara un porcentaje limitado a este campo (Feld, 2015).

Dado el origen de los científicos que manejaban el organismo, las becas entre 1958 y 1966 se concentraron en las Ciencias Básicas (73.6%), versus un 14.9% en las

Ciencias Sociales y Humanidades, y un 11.5% en las Ciencias Tecnológicas. Desde este punto de partida, las comunidades de las Ciencias Básicas dominaron los espacios de investigación científica e impusieron sus modalidades de formación de los recursos humanos y de medición de la calidad. Respecto a la forma en que se plasma la producción científica, su esencial parámetro de medición fue y es la publicación en revistas científicas con referato, preferentemente de circulación internacional y en idioma inglés. Respecto al valor de los títulos de posgrado, su única referencia son los doctorados de su disciplina, generalmente en las mismas universidades donde cursaron los estudios de grado y luego estudios de posdoctorado.

Estas percepciones diferían fuertemente de las existentes en las Ciencias Sociales y en las Humanidades. Para estas áreas la referencia máxima de calidad son los libros en editoriales o instituciones prestigiosas. De hecho, en Estados Unidos no se puede acceder a una cátedra permanente sin cumplir con este requisito. También los capítulos en libros de alta calidad son relevantes, así como las publicaciones en revistas con referato. El otro punto de divergencia tenía que ver con el peso relativo de los títulos de posgrado. Por tradición disciplinaria, en las Humanidades el título de referencia, al igual que en las Ciencias Exactas y Naturales, es en la Argentina el doctorado. Pero el proceso fue históricamente diferente en otras disciplinas. Así, para las Ciencias Sociales moldeadas en América Latina por la tradición regional construida desde 1957 por la Facultad Latinoamericana de Ciencias Sociales (FLACSO), el título máximo fue durante varias décadas la maestría. Lo mismo sucedió para los posgrados del área de negocios y administración impactada por la tradición norteamericana, y en el área de agronomía y veterinaria moldeada por las maestrías organizadas por numerosas universidades nacionales en convenio con el Instituto Nacional de Tecnología Agropecuaria (INTA) bajo la tradición francesa en este campo. En la Medicina y la Abogacía, las especialidades dominaron fuertemente el territorio de los posgrados. En la Ingeniería, las especialidades se cursaron durante muchos años dentro de la propia carrera de grado.

Estos procesos cambiaron fuertemente a partir del establecimiento del sistema de becas de posgrado en el CONICET, paulatinamente asignadas exclusivamente para el cursado de estudios de doctorado. Dada la falta de otras fuentes de financiamiento para cursar estudios de posgrado, y como parte de decisiones institucionales de las universidades y de los organismos científicos, se forzó así el modelo del doctorado como máxima expresión de los estudios académicos en todas las disciplinas. Ello a pesar de que la oferta dominante en las áreas mencionadas siguió siendo la de especializaciones y maestrías.

La discusión entre los miembros de las distintas comunidades académicas sobre el valor relativo de los títulos de posgrado y las formas en que se plasma la producción científica se ha mantenido en todos estos años. En las Comisiones Asesoras y en las Juntas de Calificaciones del CONICET, en la Agencia Nacional de Investigaciones, o en la Comisión Nacional de Evaluación y Acreditación Universitaria, la temática se repite. Es muy difícil a los investigadores de las Ciencias Básicas entender que hay otros campos, otras disciplinas, con tradiciones fuertemente distintas. En algunos casos, se trata de la cruda defensa de intereses sectoriales por la asignación de recursos, pero en la mayor parte de los académicos, simplemente el mundo imaginado de la ciencia está recortado por el prisma de sus formaciones personales.

Para entender en profundidad esta temática, era necesario adentrarse en los procesos de formación académica. Ello es lo que ha hecho Lorena Fernández Fastuca, en un trabajo de años de gestación, intentando comprender la lógica de formación pedagógica comparativa en los doctorados de Ciencias Biológicas y Sociales. Es decir, acotando el campo comparativo a esta modalidad de posgrado, pero que igual permite entender las grandes diferencias de los ambientes de aprendizaje, dado que los grupos disciplinarios tienen distintas formas de construir el conocimiento. Mientras que en un caso (Ciencias Biológicas) se trata de alumnos cooptados ya desde la terminación del grado para sumarse a un equipo colectivo integrado a un laboratorio, con acceso a recursos institucionales y el investigador individual no es concebible; en el caso de las Ciencias Sociales, el camino es esencialmente individual, en general con escasos recursos (salvo las becas) y con la inexistencia de un espacio físico colectivo.

La cooptación de los alumnos de Ciencias Biológicas implica una dependencia total del director del equipo al que decidió sumarse el estudiante. Es este el que define la temática de su tesis de grado, el tipo de tareas y de tema de investigación a desarrollar durante su posgrado y se ocupa de conseguir las becas de posgrado del alumno, llegando incluso a redactar su proyecto. Este sistema piramidal en que también las publicaciones son colectivas y se garantiza el acceso a las revistas con referato, dado el peso académico de su director, construye una carrera académica y no se visualiza que sea posible hacerlo fuera de este esquema. El tipo del conocimiento adquirido en el laboratorio está asociado a continuas experiencias parciales, en las que los estudiantes van aprendiendo el oficio. Todo ello garantiza una alta tasa de egreso a edades tempranas y una gran capacidad de competir dentro del sistema institucional vigente para la obtención de las sucesivas becas de formación y para compartir el acceso a recursos que todo el equipo tiene vía los proyectos financiados por el sistema de ciencia y técnica.

En contraste, los alumnos de Ciencias Sociales —con mayores dificultades en encontrar espacios para su formación— suelen integrarse a maestrías cuyas ofertas de cursos muchas veces no existen a nivel de los doctorados de reciente desarrollo en el país, y tienen prontamente que aprender a desarrollar proyectos de tesis. Su práctica requiere de una temprana maduración para la formulación de su proyecto individual. Y, además, para aprender a publicar, cuestión decisiva para poder aspirar a becas y cargos académicos. Todos estas dificultades provocan mayor deserción, dándose una proporción menor de egresados y una edad más tardía para recibirse, a pesar de que han entrado más tempranamente en el mundo de la "adultez académica" como lo define la autora.

El libro avanza sobre temas relevantes de la pedagogía de la formación doctoral. La dirección de las tesis como práctica formativa, la práctica de la dirección de tesis, los talleres de tesis, el trabajo en el equipo de investigación, el proceso de publicación de artículos. Con un trabajo de campo de alta intensidad y minuciosidad, se analizan elementos de alta relevancia para entender que, a pesar de los claros contrastes entre los campos disciplinarios, la evaluación formativa parece ser la práctica de enseñanza por excelencia, porque es a partir de ella que se estimula la formulación de conceptualizaciones y la profundización en los conocimientos. La retroalimentación, el brindar las orientaciones necesarias al tesista para mejorar su trabajo y formarse, parece estar en el centro.

Se trata entonces de un gran aporte para entender la dinámica de la formación de doctores en la Argentina, y al mismo tiempo permitir la comprensión de productos académicos, tanto institucionales como personales, que deben ser evaluados en las organizaciones académicas con criterios ajustados a las distintas formas en que las tradiciones disciplinarias los forman. Es un trabajo de extrema utilidad para la definición de políticas académicas y la construcción de espacios de alto nivel en el sistema universitario. Sea entonces bienvenido el esfuerzo en el abordaje de un tema escasamente trabajado en los estudios sobre la universidad argentina.

Al difundir esta obra dentro de la colección de Educación de la Universidad Abierta Interamericana, continuamos sumando títulos de alto valor sobre la temática de la educación superior. Se cumplen así los objetivos del Centro de Altos Estudios en Educación (CAEE) de la UAI de producir y difundir masivamente análisis sobre una problemática central para el desarrollo de nuestro país.

Osvaldo Barsky

Director del Centro de Altos Estudios en Educación (CAEE) de la Universidad Abierta Interamericana, que integra la Red de Estudios en Educación Superior (REES) de Argentina.

Agradecimientos

Este libro presenta los resultados de una tesis realizada en el marco del Doctorado en Educación de la Universidad de San Andrés en Argentina, cuyo objeto de estudio fueron las prácticas de enseñanza y de aprendizaje en la formación de investigadores. Fue por el interés y la curiosidad de la Dra. Catalina Wainerman, directora de la tesis, —por las características propias de la formación de investigadores y por su éxito en transmitirme la pasión por el tema—, que quedó definido de tal modo el objeto de estudio de la tesis. A Catalina le agradezco no solo transmitirme esa pasión, sino también y principalmente su dedicación, paciencia y esmero para iniciarme en el oficio de la investigación. Su orientación y guía fueron fundamentales durante los años de gestación de este libro.

Contar con un grupo de colegas que acompañen durante el camino facilita la realización de una investigación doctoral. Tuve la suerte de contar con uno excelente, mis compañeras del grupo de escritura con quienes compartimos lecturas y comentarios, y fuimos cultivando una amistad. De ese grupo quiero agradecer especialmente a Jenni Guevara por acompañarme con sus escuchas, lecturas, chistes y conversaciones. Por ayudarme a hacer este trayecto más placentero.

También quiero expresar mi gratitud a los directores de tesis, graduados y profesores de los doctorados quienes con enorme generosidad prestaron su tiempo y experiencia. Sin su apertura y colaboración este libro nunca hubiera visto la luz.

Introducción

El nivel del doctorado es el último del sistema educativo formal, el último título que podemos alcanzar. Décadas atrás se entendía al doctorado como la culminación, el broche de oro de la carrera académica. Pero ¿cuál sería el sentido del doctorado y del proceso de tesis si el tesista ya posee los conocimientos necesarios? Hoy por hoy, no hay dudas de que el doctorado es un escalón más en el proceso formativo de una persona. El último título que en la actualidad marca el inicio de la carrera académica de un investigador y otorga las credenciales suficientes a quien busca un doctorado profesional. Ya no es la culminación de la carrera de un académico, el cierre honorífico de su larga trayectoria.

Gran parte de la nueva posición que este ocupa en nuestras universidades puede explicarse por los cambios que, en el ámbito internacional, ha sufrido la educación superior y que influyen en su gestión, financiamiento, requisitos de calidad y en su lugar en la sociedad. El conocimiento ha pasado a ser considerado un bien económico (Castells, 1997) y los centros de producción de conocimiento han cobrado gran importancia. Estos se encuentran representados por las universidades, los centros de investigación y la industria (Clark, 1995). Pero son las universidades, y específicamente en el nivel de posgrado, las consideradas lugares privilegiados para la producción de conocimiento en la mayoría de los países, incluida la Argentina (Becher, 2001; Marquis, 1998; Moreno Bayardo, 2007; Whitley, 2012).

Como consecuencia de la mayor importancia dada a la universidad como ámbito de producción de conocimiento, tuvo lugar una fuerte expansión del sistema de posgrados en América Latina y la Argentina durante las décadas de 1990 y 2000 (lo que décadas antes ya había ocurrido en los países anglosajones y europeos). En este periodo, hubo un crecimiento del 144% en los programas de posgrado argentinos (Bustos Tarelli, 2010), favorecido también por el mercado laboral que requiere más profesionales con nivel de posgrado.

El aprendizaje en este nivel implica prácticas formativas distintas a las de otros niveles del sistema e instancias educativas. Sin embargo, es muy poco lo que se conoce sobre él[1], y sobre las notas pedagógico-didácticas del nivel de posgrado en la Argentina.

Este libro presenta los resultados de una investigación centrada en analizar las prácticas de enseñanza y de aprendizaje que se ponen en juego en el nivel de doctorado, proponiendo una mirada sobre el conjunto del proceso formativo (no centrada en temas unitarios como la dirección de tesis, los cursos de escritura o la actividad del equipo de investigación, sino en todos ellos como sus elementos constitutivos). A lo largo del libro, abordaremos distintas aristas de la pedagogía del nivel de doctorado: cuáles son los objetivos que persigue, en qué espacios formativos tiene lugar, quiénes intervienen (quiénes ocupan el rol de docentes y quiénes el de alumnos), cuáles son las prácticas de enseñanza, qué estilos puede asumir el director de tesis, cómo conciben su tarea, qué desafíos enfrentan

---

[1] Hasta el momento, las investigaciones realizadas tuvieron por objeto, en gran medida, su descripción en términos cuantitativos y su relación con los sistemas de evaluación de la calidad. Entre ellas: Barsky, 1997; Barsky y Giba, 2010; Espinosa y González, 2009; Fliguer y Dávila, 2010; García de Fanelli, 1996, 2000; García Guadilla, 2010; Marquis, 1998; Trombetta, 1999.

los tesistas en su trayecto formativo, a quiénes recurren para hacerlo. Es decir, cuáles son las particularidades de los estudios doctorales.

La formación doctoral es un proceso educativo con ciertas características particulares. En países como Argentina, implica todavía el aprendizaje de un oficio específico (Bourdieu, Chamboredon y Passeron, 2008; Wainerman, 2011b) y la inserción en un grupo social determinado: la academia tiene lugar tanto dentro como fuera del aula; es decir, abarca cursada y tesis (Cassuto, 2010; Lovitts, 2005), y cobra características distintas según el área disciplinar (Becher, 2001; Latour y Wooglar, 1995). La combinación de estas notas vuelve al nivel doctoral un tema pedagógico-didáctico fecundo para el análisis, ya que pocos procesos formativos permiten indagar cómo se articulan en un mismo proceso diversas prácticas de enseñanza y de aprendizaje.

Detengámonos unas líneas en cada una de estas características para explicitar las aristas que van conformando los distintos espacios formativos del nivel doctoral. En primer lugar, ¿un doctor es necesariamente un académico o investigador? ¿O un doctor es también un profesional que se desempeña en otros campos? En las últimas décadas, el objetivo del doctorado a nivel internacional ha virado de la exclusiva formación para la investigación a compartirla con la formación profesional, dando lugar a los doctorados profesionales que se dirigen a estudiantes que ingresan a empleos en áreas distintas a la academia; áreas que fomentan el vínculo entre las disciplinas de las Ciencias Naturales, las Ciencias Sociales, los estudios del desarrollo y los campos de la ingeniería y la tecnología aplicada (para profundizar en el tema ver Altbach, 2014; Hockey, 1991; Mc Caillin, 2011; Vessuri, 2007; entre otros).

Sin embargo, en Argentina continúa la concepción del doctorado como una instancia de formación en investigación y para la academia[2].

Suele considerarse que el oficio de investigador se adquiere y aprende en la medida en que se lo practica; al principio, en estrecha relación con otro de mayor *expertise*. Sobre todo, la labor artesanal implica a la persona en su totalidad y se convierte en un modo y un medio de vida (Wainerman, 2011a). El proceso formativo como investigador también puede ser entendida como un proceso de enculturación en una práctica social: la académica. En este proceso, "... el aprendizaje se produce a través de un proceso colaborativo, de interacción entre un experto y un aprendiz que va internalizando paulatinamente los conocimientos y habilidades que son objeto de enseñanza hasta alcanzar la autonomía." (Narvaja de Arnoux y otros, 2005: 4).

En cuanto a la distinción entre los cursos y la tesis, Bárbara Lovitts (2005), investigadora norteamericana, identifica dos momentos o instancias[3] en la educación doctoral, poniendo de relieve la distancia entre el mundo conocido que representa cursar una materia y la novedad del momento de la tesis. Desde el jardín de infantes o la escuela primaria, estamos acostumbrados a que haya un docente encargado del curso que, en horarios y lugar predeterminados y fijos, impone ciertas actividades, lecturas,

---

[2] Por ello, aunque nuestro interés se encuentre en la educación doctoral, necesariamente nos referiremos a la formación en investigación como parte integral del nivel educativo que nos convoca.

[3] Esta distinción fue realizada para el contexto norteamericano en el que los doctorados se estructuran en un primer periodo de cursos y un segundo dedicado exclusivamente a la tesis, separados por un examen de acreditación de conocimientos luego del cual se accede al estatus de "candidato a doctor". Otros contextos no tienen periodos tan claramente distinguibles, pero consideramos que las características de una y otra etapa se mantienen y nutren la reflexión sobre la formación de investigadores.

dispositivos de evaluación, etc. El problema es que todo esto "se cae" cuando comenzamos el periodo de la tesis. Del orden preestablecido por otros pasamos a la determinación de la actividad cotidiana junto con un director o de modo autónomo. La primera, consiste en la asistencia a cursos cuando el doctorando es principalmente un consumidor de conocimiento que busca dominar el conocimiento de su disciplina y establecer relaciones con académicos y otros doctorandos. En la segunda, la relación con el conocimiento cambia y el doctorando desarrolla una investigación de modo casi independiente y pasa a ser un productor de conocimiento. También cambia su relación con su director de tesis, pares y docentes ya que se espera que trabaje autónomamente. La transición entre ambas etapas es compleja y no todos los doctorandos logran pasarla exitosamente, entre otras razones por las diferentes características cognitivas, motivacionales y de personalidad que requiere cada una de las etapas. Estas etapas contribuyen a conformar espacios formativos (entendidos a la vez como espacios físicos y teóricos) distintos.

Finalmente, las disciplinas imprimen características particulares a la formación doctoral. En las Ciencias Naturales y Exactas[4] se trabaja en equipos de investigación integrados por miembros de diversa antigüedad de formación (doctorandos que se inician, doctorandos más avanzados,

---

[4] La clasificación de las disciplinas ha sido un tema de mucha discusión en la literatura. En esta investigación, adoptamos la presentada por Becher (2001) que combina las clasificaciones de Kolb y Biglan tomando las dimensiones duro-blando y puro-aplicado. En la combinación duro-puro entran las Ciencias Naturales y Exactas, en la duro-aplicado se encuentran las ingenierías y profesiones basadas en la ciencia, mientras que en la combinación blando-puro se ubican las Ciencias Sociales y Humanas, y en la blando-aplicado las profesiones sociales. El autor sostiene que las diferencias disciplinares son explicables a partir tanto de las características sociológicas como de las epistemológicas de cada disciplina, sin poder prescindir de ninguna de las dos. Aquí nos centraremos en las combinaciones duro-puro y blando-puro.

posdoctorandos). Los tesistas se incorporan a estos equipos con un problema de investigación designado por el director. Estos grupos se reúnen cotidianamente en su lugar de trabajo. En las Ciencias Sociales y Humanas sigue primando la relación diádica director-tesista. Este último tiene mayor libertad en la elección del tema de investigación. Asimismo, esta libertad se acompaña de la ausencia de un lugar de trabajo y de horarios fijos.

Desde esta concepción teórica y para responder a los interrogantes que nos planteamos más arriba (cuáles son los objetivos formativos que se persiguen, en qué espacios formativos tienen lugar, quiénes son las figuras formadoras, cuáles las prácticas de enseñanza, qué desafíos enfrentan los tesistas en su trayecto formativo), nos propusimos una investigación que buscó indagar en las prácticas de enseñanza y de aprendizaje involucradas en la educación doctoral, considerando las particularidades que presentan los programas en Ciencias Sociales y en Ciencias Biológicas.

Para alcanzar este objetivo hicimos una investigación descriptiva mediante un abordaje cualitativo. Por ello, una de las primeras decisiones que tomamos fue analizar la formación doctoral en distintas áreas disciplinares. Nuestro estudio se centró en los programas doctorales ofrecidos por una misma universidad (una de las más antiguas, de mayor prestigio del país) en dos áreas distintas: Ciencias Sociales y Ciencias Biológicas. Centramos el estudio en los doctorandos y directores de tesis de los programas doctorales, no en el programa en sí, sino en las personas y las relaciones que lo transitan.

Utilizamos tres tipos de fuentes de datos: documentos institucionales, entrevistas y observación participante periférica. Los documentos examinados fueron el reglamento y la estructura curricular de ambos programas doctorales (identificando la organización general, las figuras docentes reconocidas y los espacios curriculares).

Las entrevistas las hicimos con veinte parejas de director-tesista[5] de cada disciplina, diecinueve eran tesistas ya graduados y solo uno estaba cursando el doctorado. Esto nos brindó la posibilidad de tener dos visiones complementarias sobre un mismo hecho. Por ejemplo, los directores nos brindaron una perspectiva más general de los desafíos que atraviesa un tesista y de cómo es posible acompañarlos, mientras que los graduados y doctorandos nos relataron su experiencia individual y los espacios formativos y personas que a su juicio más colaboraron con su formación.

Finalmente, observamos las reuniones de dos equipos de investigación (uno de cada programa doctoral), dos talleres de tesis en Ciencias Sociales y un curso de diseño experimental en Ciencias Biológicas. En el primer caso, observamos durante cuatro meses las reuniones semanales de un equipo de investigación en Ciencias Biológicas. En Ciencias Sociales, observamos durante dos meses las reuniones semanales de un equipo de investigación, y dos meses de un segundo equipo con encuentros quincenales. En el segundo, observamos todos los encuentros de dos talleres de tesis del doctorado en Ciencias Sociales y los de un curso de diseño experimental en Ciencias Biológicas.

Para el registro de la información utilizamos dos técnicas: notas de campo (toma de notas en el momento de la observación e inmediatamente posterior a ella) en los

---

[5] Las entrevistas con el director y los tesistas (ya graduado y en curso) fueron realizadas de forma separada, con una distancia de entre una semana y un mes. En ningún caso, el director y el tesista estuvieron simultáneamente presentes en las entrevistas; sin embargo, no pudimos controlar que entre ellos intercambiaran comentarios sobre sus respectivas experiencias.

equipos de investigación, y grabación y notas de campo en los talleres de tesis y entrevistas y posterior transcripción. El análisis de los datos lo realizamos a partir de las transcripciones, utilizando el Atlas.ti como soporte tecnológico. Utilizamos, como señalan Maxwell y Miller (2012), una estrategia que reúne tanto la categorización como la basada en la contigüidad (*contiguity-based*).

Finalmente, para la redacción de este libro modificamos todos los nombres de entrevistados y miembros de los equipos de investigación y cursos, así como otros datos que permitieran identificar a los informantes (como el área de especialización o el objeto de su investigación).

El libro está organizado en cuatro capítulos que abordan el estudio de las prácticas de enseñanza y aprendizaje en el nivel de doctorado.

En la Introducción, presentamos la contextualización de la temática, la investigación que dio origen a este libro, sus objetivos y el diseño metodológico. También discutimos distintos conceptos como herramientas teóricas que permiten pensar la temática.

En el primer capítulo, presentamos brevemente la conformación de los doctorados en la Argentina y las características diferentes de la formación doctoral según el área disciplinar. A continuación, describimos los dos programas doctorales que estudiamos, con el objeto de tener una visión de conjunto del trayecto de formación institucionalizada y sistematizada de los doctorandos de cada programa. Este capítulo brinda una primera descripción general de los programas doctorales seleccionados y cada uno de los capítulos subsiguientes se embarca en el análisis profundo de uno de los espacios formativos que identificamos como relevantes.

En el segundo capítulo, conceptualizamos la dirección de tesis como un espacio de enseñanza y de aprendizaje centrándonos en el modo en que es concebida y practicada según las áreas disciplinares. También exponemos las tensiones que atraviesan la relación director-tesista.

En el tercer capítulo, analizamos el modo en que se organiza la relación director-tesista y proponemos tres estilos de dirección: acompañante, orientadora y directiva; y analizamos las prácticas de enseñanza asociados a ellos, a partir de los aportes de distintos teóricos de la didáctica. Identificamos las similitudes y diferencias de las prácticas utilizadas en ambos programas doctorales.

En el cuarto capítulo, nos focalizamos en los espacios curriculares propuestos por los programas doctorales para el desarrollo de la tesis (talleres de tesis y cursos de diseño experimental). Analizamos los objetivos, los contenidos enseñados y las estrategias didácticas desarrolladas por los docentes. Veremos que en ellos se puede generar un ambiente de aprendizaje crítico natural que promueve la práctica investigativa.

En el quinto capítulo, analizamos espacios formativos no contemplados por los doctorados, vemos el modo en que la participación en la academia es parte constitutiva del proceso doctoral y fuente de experiencias de aprendizaje. Asimismo, presentamos las prácticas de enseñanza y de aprendizaje presentes en distintas instancias (reuniones del equipo de investigación, los congresos y el proceso de publicación de artículos). Además, analizamos el lugar de los pares en el trayecto formativo como investigador.

Por último, en las conclusiones, retomamos los argumentos principales del libro, reconstruidos a la luz del desarrollo de los análisis contenidos en los cuatro últimos capítulos para lograr una visión de conjunto sobre la pedagogía del doctorado de distintas áreas disciplinares en la Argentina.

1

El doctorado, ambiente de aprendizaje

Es poco lo que sabemos de la enseñanza y el aprendizaje en el nivel doctoral a pesar de que tiene ya varios siglos de existencia, y el sistema de posgrado se ha constituido como tal durante el siglo XIX —con variaciones según países, algunos a comienzo de siglo y otros hacia el final— (Clark, 1995). Los estudios sobre la universidad son producto de la contribución de distintas disciplinas, dejando la temática subsumida en la reflexión educativa más general (Krotsch, 2009). Lo mismo ocurre para el nivel de posgrado y, dentro de este, para los doctorados. La investigación sobre este nivel se concentra sobre la descripción cuantitativa del sistema.

Actualmente, se considera que el núcleo central del doctorado es realizar una investigación individual y original que se expresa en una tesis que tiene un doble objetivo: producir conocimiento y evaluar si su autor/a está o no en condiciones de convertirse en doctor y, potencialmente, en miembro de la comunidad académica. Más allá de esta definición general de lo que implica un doctorado, existe diversidad en las estructuras curriculares de distintos sistemas nacionales. En algunos casos, como el norteamericano, el sistema de doctorado está altamente articulado entre las universidades, y lleva décadas de estabilidad en su estructuración[6] (Clark, 1995). En otros, como en la Comunidad Europea, se han realizado cambios en la organización curricular de cada sistema nacional para tomar criterios comunes, como la duración establecida entre 3 y 4 años (Checchia, 2009).

Esta diversidad entre sistemas nacionales no impide la identificación de elementos comunes. En primer lugar, como dijimos más arriba, el eje central de un doctorado es la realización de la tesis doctoral. En segundo lugar, muchos programas contemplan la realización de cursos en sus estructuras curriculares.

En Argentina, el nivel de doctorado es regulado por la Secretaría de Políticas Universitarias (SPU), dependiente del Ministerio de Educación y acreditado por la CONEAU.

> [Tiene por] objeto la obtención de verdaderos aportes originales en un área de conocimiento, cuya universalidad debe procurar, en un marco de nivel de excelencia académica. Dichos aportes originales estarán expresados en una tesis de Doctorado de carácter individual que se realizará bajo la supervisión de un Director de tesis, y culmina con su evaluación por un Jurado... (Res. 1168/97 Min. de Cultura y Educación).

Sin embargo, en su definición nada se dice sobre la carga horaria mínima, ni si debe estar contemplada la asistencia a cursos y un proceso de tutoría para la tesis (aspecto sí contemplado para las maestrías).

Los programas de doctorado argentinos pueden pensar su estructura curricular dentro de las tres modalidades posibles que establece la resolución 160/2011 de la CONEAU. Existen programas estructurados (totalmente

---

[6] El nivel de doctorado se configura en dos etapas. Una primera, de seminarios obligatorios, y una segunda, en la que cada doctorando se embarca en una investigación individual. El pasaje de una etapa a la otra se realiza a través de un examen teórico cuya aprobación lo califica como "candidato a doctor" y lo habilita a comenzar la investigación.

predeterminados por la institución y con un diseño curricular idéntico para todos los estudiantes), semiestructurados (una parte del currículum está predeterminada por la institución, común a todos los estudiantes, y otra parte la define la institución o el doctorando de acuerdo al campo profesional, el área del conocimiento o el tema de tesis), y personalizados (las actividades curriculares no están predeterminadas y se definen para cada estudiante de acuerdo al área del conocimiento y su tema de tesis).

Un rastreo de las estructuras curriculares de los programas doctorales argentinos da cuenta de esta libertad de diseño. En Ciencias Naturales y Exactas, solo ofrecen doctorados las universidades estatales (aunque es notable que la gran mayoría de estas instituciones los ofrecen). Por otro lado, en Ciencias Sociales y Humanas ofrecen programas doctorales universidades de ambos tipos de gestión, inclusive existen en algunas universidades de creación reciente. Finalmente, la mayoría de las universidades fundadas en la última década y algunas del interior del país no ofrecen ningún programa doctoral. Así, contamos con un sistema de formación doctoral que se concentra en las principales universidades del país y con una clara diferenciación disciplinar según el tipo de gestión de la universidad.

En términos cuantitativos, al año 2015 el sistema de posgrados ofrece 410 títulos de doctorado, de los cuales el 53,9% pertenece a las Ciencias Aplicadas, Básicas y de la Salud (que, acorde con la clasificación tomada en esta tesis, son las Ciencias Naturales y Exactas); y el 46%, a las Ciencias Sociales y Humanas (Marquina y Ferreiro, 2015).

En estos programas, según los datos de la SPU, en el año 2012 estudiaban 22.787 alumnos, lo que representa un aumento del 277% respecto de los 6.046 alumnos que cursaban en el año 2000. El 43% de los doctorandos del 2012 pertenecían a las Ciencias Aplicadas, Básicas y de la

Salud; mientras el 57% estaba inscrito en un programa de las Ciencias Sociales y Humanas. Paralelamente, ese año hubo 1.791 nuevos doctores; lo que significó un incremento del 667% en la cantidad de egresados respecto del año 2000 (Marquina y Ferreiro, 2015). Del total de egresados, el 65% hizo un doctorado en el área de las Ciencias Aplicadas, Básicas y de la Salud, y el 35% en Ciencias Sociales y Humanas. Aunque no es posible comparar los datos de matriculados con los de egresados, ya que ambos pertenecen al mismo año y no a un estudio de cohorte, sí podemos pensar en tendencias de comportamiento de las disciplinas y sostener que mientras en el grupo de las Ciencias Aplicadas, Básicas y de la Salud hay ligeramente un menor número de matriculados, la cantidad de graduados es significativamente superior. Esto toma mayor fuerza cuando se contrasta con los resultados similares a los que arriban estudios nacionales e internacionales sobre las mayores tasas de graduación en esta área disciplinar que en las Ciencias Sociales y Humanas (Bowen y Rudenstine, 1992; de Miguel y otros, 2004; Ehrenberg y otros, 2010; Leatherman, 2000; Marsh y otros, 2002; Matovich, 2014; Wainerman y Tuñón, 2013).

Según estos estudios, la mayor deserción se produce en la etapa de la tesis (cuando los alumnos ya han terminado los restantes requisitos del doctorado como la aprobación de cursos y seminarios), lo que ha dado lugar a la denominación del fenómeno como "todo menos la tesis". Este fenómeno es reconocido como una problemática en distintos países. En Estados Unidos, estas tasas se encuentran entre el 40% y el 50% (Bowen y Rudestine, 1992; Ehrenberg y otros, 2010). En la Argentina, aunque no hay suficiente investigación sistemática al respecto, se habla de tasas que varían entre el 10% y el 60%. En un estudio realizado por Wainerman y Tuñón (2013), en los programas doctorales de las Facultades Ciencias Sociales y Ciencias Naturales y Exactas de una misma universidad, se registran tasas de graduación superiores al 65% en el programa doctoral en Ciencias Biológicas e inferiores al 50% en el equivalente de Ciencias Sociales, para el periodo 1999-2003.

Los programas doctorales como ambientes de aprendizaje

La base de la educación superior moderna es la relación, el nexo entre investigación y enseñanza (Clark, 1995). Y este nexo se expresa mejor en el doctorado, como dice el mismo autor: "... el nivel de doctorado es donde el mandamiento de hacer investigación más plenamente se realiza" (Clark, 2008: 419). De ahí, que en buena medida sea imposible hablar del nivel de doctorado sin hablar de la tarea investigativa[7]. Sin tener en cuenta que lo que se aprende es a hacer investigación.

Pero ¿qué implica este aprendizaje? En la introducción, señalamos que el doctorado se divide en dos etapas, la cursada y la tesis, cuyo transito implica para Lovitts (2005) un pasaje de la dependencia a la independencia.

---

[7] Aunque el carácter artesanal de la investigación se mantiene a lo largo de los siglos, en las últimas décadas el ámbito de la ciencia se ha complejizado. Se ha producido una expansión de las organizaciones de producción del conocimiento formal (institutos de investigación, universidades y empresas), se han desarrollado políticas estatales más sistemáticas (Whitley, 2012), y aumentó el número de estudiantes. En la actualidad, la actividad científica es regulada por organismos gubernamentales, agencias financiadoras y empresas que, de modo más o menos directo, establecen las normas, los modos de difusión del conocimiento, los criterios de calidad, los mecanismos de formación e incorporación de nuevos investigadores. Una de las implicancias de esta transformación es la formalización y sistematización de estos mecanismos de formación de los investigadores. De este modo, los programas doctorales se han convertido en una de las instancias iniciales de formación y transmisión del oficio (Becher, 2001; Kennedy, 1997; Whitley, 2012).

Este pasaje es la meta central de cualquier proceso educativo (Jackson, 2002) y, por ende, también de la formación de investigadores. Esto significa

> ... tener la libertad de decidir qué conocimientos vale la pena poseer. También significa elegir qué cosas no aprender, decidir cuándo cesar de aprender o ni siquiera empezar a hacerlo. Significa tomar como guía las propias necesidades e intereses, tanto de corto como de largo plazo, en los momentos cruciales del proceso de aprendizaje. El estudiante que tiene un total autogobierno, según esta perspectiva, es el que aprende lo que quiere aprender, y se atiene por propia voluntad a cualquier consecuencia que esa opción pueda acarrear (Jackson, 2002: 142).

En definitiva, el estudiante toma una postura, se define por una forma de aprender según su propia personalidad e intereses.

¿Qué pasa del lado de la enseñanza? Las prácticas de enseñanza en los espacios formativos de cada una de estas etapas son diversas. Estas etapas implican que el doctorado, como otros trayectos formativos profesionales, contempla instancias tanto dentro como fuera de las instituciones educativas (Fuller y otros, 2005; Unwin, 2007), y específicamente dentro y fuera del aula. Así, en un proceso educativo sistemático y formal como es el doctorado debemos asumir que existen prácticas de enseñanza sistematizada. Entendemos que la enseñanza es la relación entre, por lo menos, dos personas, una de las cuales posee un conocimiento o habilidad que la otra no posee; y que el primero tiene la intención de transmitirlo ayudando al segundo en las tareas del aprendizaje, permitiéndole *estudiantar* (Fenstermacher, 1989). En esta misma línea, Basabe y cols. (2007) sostienen que no existe una relación causal entre enseñanza y aprendizaje. Aunque frecuentemente el aprendizaje se siga de un proceso de enseñanza, no es una consecuencia directa, sino el resultado de las actividades que realiza el propio estudiante. Y, por ello, compatible con la formación doctoral en la que el protagonismo se encuentra enteramente en quien se forma: un estudiante adulto en camino a la independencia académica.

El periodo de la tesis suele asociarse a la idea del maestro y aprendiz trabajando en conjunto como eje de la formación doctoral. Sin embargo, esta idea es insuficiente para dar cuenta del proceso educativo que tiene lugar en los programas doctorales. En primer lugar, algunas posturas provenientes de la pedagogía y la psicología, cuestionan esta concepción del maestro-aprendiz sosteniendo que en ocasiones es insostenible pensar que el contacto, codo con codo, del aprendiz con el maestro promueva el desarrollo de habilidades para la investigación (de la Cruz Flores y otros, 2010). Por el contrario, sostienen la importancia de la formación teórica y metodológica que pueden brindar los estudios doctorales.

En segundo lugar, algunos autores (de la Cruz Flores y otros, 2006; Halse, 2011; Kennedy, 1997; Wainerman, 2011a) refieren a la falta de preparación formal de los directores de tesis para su función. El aprendizaje del rol de director de tesis se aprende en la medida en que se dirigen tesis: "Una manera de abordar esta exclusión y fortalecer la relevancia y valor del desarrollo de programas formales de formación profesional del supervisor sería hacer explícitos el aprendizaje y los conocimientos a través de la práctica de supervisión doctoral" (Halse, 2011: 568).

Así, quienes generalmente pueden ocupar el rol de enseñantes en los doctorados (directores de tesis, profesores de talleres de tesis u otros seminarios, directores de equipos de investigación) son académicos que parcialmente se dedican a esta actividad; su tarea principal es la producción y difusión de conocimiento. Esta característica nos permite pensar que no fundamentan su estilo de dirección y docencia en saberes teóricos pedagógico-didácticos, sino en conocimientos sobre su disciplina y el quehacer de la investigación o en la experiencia vivida. Por ello, en este trabajo nos centramos en analizar las prácticas de enseñanza y de aprendizaje. Es decir, lo que efectivamente hacen estos actores. Además, esto implica que su modalidad de trabajo y de enseñanza se encuentra impregnada del *habitus* científico de la disciplina a la que pertenecen.

Breve descripción de las características epistemológicas y sociológicas de cada grupo disciplinar

Siguiendo a Becher (2001), epistemológicamente, las Ciencias Naturales se caracterizan por un crecimiento acumulativo y relativamente sostenido del conocimiento. Es decir, las nuevas investigaciones se desarrollan de manera lineal, a partir del estado de conocimiento existente, gracias a la claridad de criterios para establecer o refutar uno nuevo. Así, los argumentos se basan en conexiones causales con mayor facilidad que en el otro ámbito de la ciencia. Dadas estas características, los conocimientos pueden volverse obsoletos rápidamente. Para las ciencias de laboratorio, según Latour, esta acumulación es posible porque en los laboratorios la escala del trabajo permite a los investigadores cometer más errores que a los que trabajan fuera del laboratorio: "Cada error es a su vez archivado, guardado, y convertido de nuevo en fácilmente legible, cualquiera que sea el campo o asunto específico" (1983: 21). De este modo, los datos se transforman en insumos de futuras investigaciones.

Por su parte, las Ciencias Sociales se caracterizan por un conocimiento recursivo y reiterativo, donde el trabajo académico atraviesa cuestiones ya exploradas por otros y donde los temas básicos de indagación son los mismos de una generación a otra, ya que falta consenso respecto de qué es un aporte auténtico (Becher, 2001). En una línea similar, para Whitley, en estas ciencias "… las técnicas artesanales son compartidas —aunque en grados diversos— por tanto, los resultados se perciben como vinculados, pero relativamente impredecibles, sujetos a una diversidad de interpretaciones, y no pueden ser reproducidos con demasiada confiabilidad" (2012: 203). Además, la investigación en Ciencias Sociales es temporal-histórica, es decir que está afectada por las circunstancias históricas y espaciales (Sautu, 2011).

Aunque se puede encontrar excepciones a esta caracterización, como en Cole (1983), quien considera que no hay un mayor nivel de consenso cognitivo en las Ciencias Naturales que en las Sociales; existe acuerdo en que las cualidades epistemológicas de cada ámbito de la ciencia explican algunas de sus características sociológicas. En los próximos párrafos trataremos dos de estas particularidades: el ambiente de trabajo y las prácticas formativas.

Los distintos ámbitos disciplinares conforman ambientes de trabajo diversos (Becher, 2001; Latour y Wooglar, 1995). En las Ciencias Naturales y Exactas, los investigadores trabajan en equipos de investigación (Delamont y Atkinson, 2001; Kennedy, 1997), integrados por miembros de diversa antigüedad de carrera y formación (investigadores independientes, asistentes, doctorandos que se inician, doctorandos más avanzados, posdoctorandos). La necesidad de equipamientos de alta complejidad, insumos, organismos vivos, etc., exige la conformación de grupos de investigación. Estos grupos se organizan alrededor de un programa de investigación principal en el que se inscriben los estudios de todos sus miembros. Esta modalidad de trabajo se traduce en la existencia de espacios físicos a los que se concurre cotidianamente. Estos grupos no solamente buscan la construcción de conocimiento y su formación, sino también existen relaciones tanto de colaboración como de competencia, como señala Becher (2001).

En las Ciencias Sociales y Humanas sigue primando el trabajo individual, aunque la tendencia es la transición hacia el modo de trabajo de las Ciencias Naturales; es decir, a un aumento de los equipos de investigación a partir de la oferta de subsidios para ellos. Incluso en los grupos de investigación existentes, el bajo nivel de dependencia mutua en estas disciplinas (Whitley, 2012) permite mayor libertad en los temas de investigación de los miembros. O sea, difícilmente existe un programa de investigación en el que se inscriben todos los miembros, por el contrario, siempre hay algunos que estudian temas tangenciales al programa. Asimismo, la escasa dependencia de equipamiento e insumos especializados permite la ausencia de un lugar de trabajo y horarios fijos, agregado a una escasez relativa de subsidios para la investigación.

El último aspecto que nos permite ver el modo en que las características sociológicas varían de un ámbito disciplinar a otro son las prácticas formativas. La concepción de la investigación como oficio implica que su transmisión ocurre a partir de la interacción entre un maestro y un aprendiz. Es a través de diálogos y de la observación sobre los modos de trabajo que puede transmitirse el sentido del método y la teoría a los aprendices (Mills, 1959). Bourdieu y Wacquant (2005) sostienen que el maestro forma a su aprendiz en investigación. El trabajo conjunto entre maestro y aprendiz tiene lugar, como dijimos, en los laboratorios y lugares de encuentro de los equipos de investigación (talleres modernos). En ellos, los doctorandos pueden observar y compartir el trabajo tanto del maestro como de los demás miembros del equipo.

Por supuesto, esta relación maestro-aprendiz es diferente entre disciplinas, al igual que el ambiente de trabajo. En las Ciencias Naturales y Exactas los doctorandos se insertan en los laboratorios de investigadores reconocidos, inscriben su tema de tesis dentro del programa del investigador principal y la llevan a cabo dentro de un equipo ya establecido. El doctorando que se inicia tiene poco margen de elección del tema de investigación. Entre las razones de esta situación se encuentran: la necesidad de continuar la línea de investigación del director del equipo; la imposibilidad del doctorando de juzgar qué problemas pueden considerarse pertinentes y solucionables en el marco de una investigación inicial (Becher, 2001) y la falta de conocimiento suficiente para determinar qué equipamiento tecnológico es necesario (y está disponible) para realizar determinada investigación.

Por otro lado, las condiciones de trabajo dadas para los investigadores se mantienen en gran medida para los doctorandos. La integración en un grupo de investigación implica la concurrencia diaria a un lugar de trabajo equipado con los instrumentos e insumos necesarios. Sumado al resto de las características de un espacio laboral: horarios relativamente fijos, compañeros de trabajo con distinta jerarquía y antigüedad. Además, integrar un equipo implica el acceso a subsidios (a través del director del laboratorio), para financiar la investigación, y remuneración asegurada.

Contrariamente, en las Ciencias Sociales y Humanas el proceso formativo se desarrolla principalmente en una interacción diádica entre doctorando y director de tesis. La elección del tema por parte del tesista parece ser casi ilimitada, dado el carácter más individual de la investigación y la posibilidad de abordar un mismo tema desde diversos enfoques teóricos y metodológicos. Además, tal como dijimos para los ambientes de trabajo, suele no haber lugar de trabajo ni horarios fijos, así como remuneraciones y subsidios para la investigación.

Estas diferencias en la organización del trabajo y las prácticas formativas devienen en construcciones diferenciales de los trayectos doctorales. Así como las diferencias disciplinares impregnan las distintas facetas de la labor científica, también ocurre con los programas doctorales que asumen características distintas, ya sea espacios curriculares propios, requisitos de admisión y egreso, o exigencias respecto de la tesis (Brown, Meyer y Enos, 1994; Chapman y Tate, 1987; Debeauvais y Livesey, 1986; entre otros).

Particularidades de los programas doctorales y/o del trayecto formativo según el grupo disciplinar

Con la intención de tener una visión de conjunto del proceso formativo en cada uno de los programas doctorales estudiados en este capítulo, los describimos individualmente, para luego contrastarlos en los capítulos siguientes.

El proceso formativo durante los estudios doctorales es un trayecto complejo que ocurre en distintas etapas; involucra diferentes personas y espacios, y cobra características diversas según la disciplina. Los doctorandos, directores de tesis y docentes que formaron parte de nuestro estudio transitan por la universidad desempeñando distintos roles e interactúan entre ellos en diferentes espacios. El entramado de todos ellos (personas, espacios, instituciones) conforma la comunidad en la que los tesistas adquieren las competencias necesarias para la investigación.

La universidad a la que pertenecen los programas doctorales establece un mismo reglamento general de doctorados, que determina como tarea fundamental del candidato a doctor la realización de un trabajo de investigación que signifique una contribución original al conocimiento de la disciplina elegida, bajo la tutela de un director. Además, especifica que el candidato debe aprobar cursos o seminarios desarrollados por la misma universidad u otras instituciones nacionales o extranjeras. Si bien no se determina la cantidad de cursos, se establece que serán planificados de modo que puedan ser realizados en no menos de un año. El candidato cuenta con un periodo de seis años, con una posible prórroga de dos años, para cumplir con los requisitos señalados.

Los programas que estudiamos son personalizados. El reglamento no especifica la estructura curricular, cada facultad tiene libertad para determinarlo. Es decir, no existe una oferta de cursos y seminarios preestablecida e igual para todos los candidatos, sino que son determinados en función de los antecedentes y proyecto de investigación de cada aspirante. Por otro lado, tesis y cursos se realizan de forma simultánea.

El Doctorado en Ciencias Biológicas

De la organización y reglamento

El reglamento de la facultad a la que pertenece este doctorado establece un plan de estudios personalizado según el cual los candidatos a doctor deben realizar una tesis y cumplimentar cursos o seminarios por una cantidad de créditos predefinida, que suele traducirse en un mínimo de cuatro cursos o seminarios que pueden ser de posgrado u, ocasionalmente y con la correspondiente justificación, del ciclo superior de la licenciatura. Excepcionalmente, también se reconocen puntos por trabajos de investigación. Pocos doctorandos diseñan un plan de cursos, más bien los seleccionan a medida que avanzan en sus tesis según la oferta del momento.

En cuanto al director de tesis, este debe fijar en forma exclusiva las normas dentro de las cuales se desarrollará el trabajo de investigación. Es decir, se le otorga un rol preponderante en la definición de las condiciones de trabajo y en las características que asume el proceso formativo del tesista. Asimismo, el director no puede tener más de cuatro doctorandos simultáneamente.

El programa doctoral en Ciencias Biológicas en números y contextos de formación

El doctorado se creó hace más de un siglo, en el año 1897. Esta antigüedad le imprime determinadas características. Por ejemplo, posee varias generaciones de investigadores formados en el mismo programa (de hecho, directores y tesistas se formaron en él), lo cual coincide, del lado de los institutos de investigación, con la continuidad de una misma línea de investigación por dos o tres generaciones. Asimismo, existen estrategias de trabajo extendidas por varios laboratorios como los seminarios de investigación.

El programa es de tamaño chico. Desde el año 2003 hasta el 2015, se sostiene por encima de los 100 cursantes, con un máximo de 148 en 2005. La matrícula del programa está compuesta en general por mujeres (más del 60% de las cohortes) y casi en su totalidad por jóvenes de 30 años o menos al momento del ingreso, entre el 73% y el 90% en la última década (fuente: Informe del Programa "La formación de investigadores en las áreas de Ciencias Sociales y Humanas, y Ciencias Naturales y Exactas", 2012). La composición etaria va junto con la posesión de becas de estipendio, provenientes principalmente de organismos públicos. Según los datos que obtuvimos todos los doctorandos poseen beca completa, salvo escasas excepciones.

Las tasas de graduación son altas. Se mantienen entre el 68% y el 100% desde la década del setenta hasta la cohorte del año 2005. En cuanto al tiempo de estudios hasta la graduación, el 70% del total de los graduados finaliza en 6 años o menos (fuente: Informe del Programa "La formación de investigadores en las áreas de Ciencias Sociales y Humanas, y Ciencias Naturales y Exactas", 2012).

En este marco, la experiencia de los directores es similar a la de los tesistas. Ambas generaciones han realizado sus estudios doctorales en la misma facultad que el grado, con menos de 30 años y con una dedicación de tiempo completo gracias a una beca de estipendio provista por distintos organismos del Estado Nacional. Todos se insertaron en un laboratorio en el que el director definía las líneas de investigación. Sin embargo, el contexto sociopolítico argentino y los avances en la informática y de la tecnología entre las dos generaciones han marcado fuertes diferencias en las condiciones de formación de una y otra. Algunos de los directores hicieron sus doctorados en los años de la dictadura militar, signados por la escasez de investigadores en el país y por la falta de recursos materiales. Otros lo hicieron en los años inmediatamente posteriores, cuando académicos exiliados comenzaban a volver y fundaban laboratorios nuevos. Para todos ellos, fue hacer investigación en una época previa a Internet y de menor desarrollo tecnológico que hoy. El acceso a los artículos era más limitado en comparación con las posibilidades actuales, los costos de los viajes e insumos para la investigación eran más altos y el equipamiento disponible era de una tecnología menos desarrollada que la actual. Hoy, en cambio, los tesistas pueden realizar el doctorado en una Facultad con grupos de investigación afianzados que llevan décadas en funcionamiento, en un contexto sociopolítico relativamente más estable y propicio para el desarrollo científico. Las nuevas tecnologías permiten un acceso a la bibliografía, y a investigadores de otros lugares del mundo, impensado hasta hace unas pocas décadas. Los costos del traslado son menores y los equipamientos a los que es posible acceder (ya sea dentro del propio laboratorio, ya sea por convenios de trabajo con otros) son de una tecnología superior.

De los espacios, grupos y laboratorios

Los doctorandos desarrollan sus tesis en los laboratorios de sus directores. Algunos de los indicios de la concurrencia cotidiana al lugar de trabajo son: la constante presencia de varios miembros del laboratorio y el hecho de que las entrevistas siempre se llevaron a cabo dentro de la Facultad y que, al llegar, generalmente encontramos al entrevistado en medio de alguna actividad (tipeando en la computadora, reunido con un estudiante o realizando un experimento junto a un tesista).

En estos espacios se desarrollan las tareas de los equipos de investigación, las que requieren de financiamiento para poder ser realizadas. Existen dos tipos de recursos a financiar: los investigadores y los recursos materiales (insumos, equipos) para las investigaciones. El director del equipo es considerado el responsable de conseguir el financiamiento para los recursos materiales. En el caso de Roberto, esta es una de las dimensiones (y exigencias) de su labor de director de tesis:

> Obviamente, a esta altura, eh... de cómo está constituido el grupo y del tipo de ciencia que hacemos, una de las cosas que me preocupa cotidianamente es, pese a que tenemos plata, que esa plata no alcance. Porque hemos construido un sistema de investigación muy caro, y mantenerlo a ese nivel requiere de un cierto nivel de subsidios, que no alcanza con los subsidios nacionales y que... por más grandes que sean, requiere más dinero. Entonces, eso es una cosa que me preocupa (Director Roberto Ledesma, Ciencias Biológicas).

El monto del financiamiento requerido depende del tipo de investigación que se realiza y de la cantidad de miembros del grupo de investigación. Los laboratorios de nuestro estudio están conformados por entre tres y quince miembros. Los más grandes tienen varias generaciones de investigadores: director, investigadores adjuntos y asistentes, posdoctorandos, doctorandos y estudiantes de licenciatura. En definitiva, aunque sea en grupos pequeños, la investigación en Ciencias Biológicas siempre se hace en un equipo. El investigador solitario no existe en esta disciplina (Becher, 2001; Latour y Wooglar, 1995; Martínez, 1999; Whitley, 2012), y así lo muestra la conformación por equipos de investigación de este programa doctoral. Quizás por esa razón los subsidios siempre son pensados para el laboratorio en su conjunto con el objetivo de financiar todas las actividades científicas que allí se desarrollan alrededor de líneas de investigación particulares.

Los laboratorios que estudiamos mantienen relaciones con otros equipos de investigación nacionales y extranjeros. Los intercambios provienen a veces de contactos hechos por el director durante sus estudios doctorales, o de posdoctorado en el exterior, y otros se han generado durante los años de desarrollo de las líneas de investigación —tanto por el director como por otros miembros del laboratorio o los tesistas— con equipos que trabajan en los mismos temas o en otros próximos. Estos intercambios se traducen en: pasantías de los becarios en otros países o la estadía de doctorandos extranjeros en la Facultad, en la realización de investigaciones en colaboración o en el préstamo de insumos y publicación conjunta. Los directores y los tesistas valoran la vinculación con equipos extranjeros ya que les permite conocer otros modos de hacer las cosas, acceder a insumos o equipos necesarios para sus proyectos, involucrarse en investigaciones de mayor envergadura, etc.

Por supuesto, no todo es color de rosa en los intercambios dentro y entre equipos. El abuso en las relaciones de poder, las rivalidades, los egos y demás fuentes de conflictos siempre hacen su aparición. El desacuerdo sobre el orden de los autores en un *paper*, sobre los pasos a seguir en una investigación, o la convivencia cotidiana en el laboratorio. A pesar de ello, la presencia de relaciones con otros equipos, que apareció en las veinte entrevistas que mantuvimos, en el equipo de investigación y el curso que observamos, muestran que la actividad científica en Ciencias Biológicas es necesariamente una actividad colectiva. El investigador solitario no podría dar curso a una investigación, o sería una muy limitada, y ni siquiera los equipos de investigación pueden mantenerse aislados de otros grupos. En términos de Whitley (2012), las Ciencias Biológicas son un campo científico con un alto grado de dependencia mutua entre los investigadores, lo que genera un creciente sentimiento de identidad colectiva y fronteras más firmes respecto de otros campos.

El trayecto formativo en Ciencias Biológicas

El inicio del doctorado

Una de las primeras cuestiones a resaltar sobre el doctorado en Ciencias Biológicas es que forma investigadores. Si bien en este libro nos centramos en la pedagogía de la formación doctoral, esta no pude analizarse sin tener en cuenta la influencia que cada grupo disciplinar ejerce y el modo en que le imprime características particulares, como señalamos en los apartados anteriores. En grupos disciplinares como este, en el que el camino profesional por antonomasia es la academia y en el que el objetivo central del doctorado es formar para ella, es imprescindible tenerlo en cuenta para estudiarlo adecuadamente.

El aprendizaje de la tarea investigativa en Ciencias Biológicas comienza un tiempo antes del inicio del doctorado. En los últimos años de la carrera de grado, los estudiantes se acercan a un laboratorio para realizar una pasantía o su tesis de licenciatura. En esa etapa, existe cierta "presión social" para entrar en un laboratorio, según los tesistas. La cultura del grupo disciplinar dicta que el único camino profesional válido es la academia, y por lo tanto cuanto más rápida la inserción, mejor. Del lado de los directores de tesis, este inicio se justifica tanto por la necesidad de tener gente en el laboratorio colaborando en tareas menores como por la de conocer las características de personalidad y forma de trabajo de los posibles futuros becarios antes de presentarlos a una beca.

> En la mayoría de los casos, es alguien [el futuro tesista] que se acerca al laboratorio y dice: "Me interesa lo que ustedes están haciendo, me interesaría esto", y se empieza a trabajar. Generalmente, eso ocurre para la tesis de licenciatura, que es una especie de noviazgo académico, ¿no? Uno ve que trabaja bien, y luego eso se formaliza con la presentación a una beca CONICET. O sea, con una tesis de licenciatura que normalmente dura un año, uno ahí ya se dio cuenta, tanto el tesista como el director, de si hay compatibilidad. Digamos, de si el tesista está satisfecho con el director y si el director está satisfecho con el tesista. Y eso se formaliza con un pedido de beca a CONICET, que ya implica un compromiso a 5 años. (Entrevista al director Javier Rodríguez, Ciencias Biológicas).

Este "noviazgo académico" es de suma importancia para el establecimiento de la relación, es un periodo de conocimiento de ambas partes. Director y tesista conocen el modo de trabajo de cada uno, las expectativas, la personalidad. La duración de este periodo inicial es muy variable, desde algunos meses hasta un par de años, dependiendo del momento de la carrera en que el alumno se haya acercado al laboratorio, de la actividad para la que se haya acercado y de cómo haya resultado la relación con los miembros del equipo y el director. En los casos en que cambian de laboratorio o de director entre la licenciatura y el doctorado, este periodo no existe y, por tanto, tampoco las potencialidades del conocimiento mutuo. Director y tesista entran en contacto poco tiempo antes de la presentación a una beca (o de la adjudicación de una, en los casos de las becas de ANPCYT), y las referencias que tienen uno del otro es a través de conocidos.

Además del comienzo de la relación con el director, el tesista ingresa en un grupo social nuevo. Establece relaciones con los otros miembros del equipo, de quienes aprende a moverse en el día a día del laboratorio, tiene la posibilidad de interactuar con otros, establecer nuevas relaciones. Tanto para bien como para mal, el futuro tesista ingresa a un grupo social ya constituido al cual debe integrarse como ser social (amigo, colega, rival, enemigo) y como doctorando. Es un grupo que puede darle contención en los momentos necesarios y del que puede aprender el quehacer cotidiano.

Durante el primer periodo en el laboratorio, las principales tareas de los futuros tesistas son: colaborar con la investigación de otros más avanzados (alimentar los organismos vivos objeto de estudio, transcribir grabaciones de video, etc.) o realizar la tesina de licenciatura, con un proyecto determinado en su totalidad por el director. En ambos casos, los objetivos, las tareas cotidianas a realizar y el modo de hacerlas les son indicadas por otros. En este periodo los estudiantes trabajan junto con otros miembros más avanzados del equipo, quienes les muestran cómo llevar a cabo las tareas; mientras que el trabajo directo con el director del equipo es ocasional. De esta forma, los estudiantes de los últimos años de la licenciatura comienzan a interactuar con distintos roles, en diversos espacios; identificando las reglas de juego, las normas de seguridad, los elementos e insumos del trabajo científico, junto a adquirir conocimientos básicos sobre el objeto de estudio específico del laboratorio, las publicaciones académicas, etc. Durante esta etapa, muchas veces el investigador en formación desconoce la fundamentación o desconoce el porqué de la actividad que se está realizando. Simplemente, ejecuta las tareas que le son indicadas.

Finalizada la licenciatura, el trayecto de formación sistematizada e institucional continúa con la inscripción en el doctorado. En las Ciencias Biológicas, la realización de maestrías es poco frecuente y los pocos programas de maestría que existen tienen un carácter profesional antes que académico. De hecho, ninguno de los entrevistados realizó estudios de maestría.

La oportunidad de inscripción en el doctorado muchas veces se origina por un ofrecimiento del director del laboratorio (como en el caso de nuestros entrevistados). Es él también quien, en general, determina el objeto de estudio de la tesis, dentro de sus líneas de investigación y tomando en cuenta los intereses del futuro doctorando. Como explica Simón, en relación a la escritura del proyecto de investigación:

> Casi siempre yo lo hago. O sea, de todos modos, yo trato de ver: el alumno o el candidato, qué perfil tiene, por eso es bueno que, por ejemplo… como nosotros hacemos de todo tipo de trabajo [mención del objeto de estudio]… O sea, hay trabajos que son extremadamente experimentales de laboratorio, algunos que son experimentales pero a campo, que podemos trabajar acá en el campo experimental; a veces, son trabajos de campo con viajes al interior, a cultivos […]. Entonces, bueno, yo veo el perfil del alumno. O sea, sé cuáles son sus gustos porque por

ahí me los dice, pero también veo si me lo imagino en el campo o me lo imagino en un laboratorio o me lo imagino en las dos cosas y a partir de ahí, bueno, yo tengo siempre proyectos experimentales o de campo... y ahí me parece, por el *feeling*, que una persona encaja más en el laboratorio que estando en el campo o viceversa. Se lo planteo, si estamos de acuerdo, yo hago un borrador inicial y empezamos un pase ida y vuelta para mejorar ese proyecto que después se presenta a CONICET. Y últimamente, la verdad que resulta bien, muy bien. Los últimos 7, 8 años resulta muy bien (Entrevista director Simón Fernández, Ciencias Biológicas).

Así, el proceso de escritura del primer proyecto de investigación muchas veces coincide con la presentación a una beca, es asumido por el director. El proceso consiste en un intercambio asimétrico entre el director y el futuro tesista. Casi todos los directores asumen la escritura del proyecto, pero consensuando todas sus dimensiones con los tesistas y compartiendo con ellos los borradores del proyecto para darles lugar a comentarlos. Los graduados confirmaron este procedimiento, pero también aclararon que prácticamente no hacían comentarios a esos borradores. El objetivo del intercambio es la formación de los tesistas.

El protagonismo del director en la definición del objeto de estudio y la escritura del proyecto se debe, según los entrevistados, a la falta de herramientas suficientes de parte de los tesistas para evaluar la factibilidad de una investigación, los equipos que son necesarios para responder una pregunta de investigación y la capacidad de plantear una pregunta que sea lo suficientemente interesante para una tesis doctoral y, al mismo tiempo, susceptible de responderse en el tiempo determinado para el doctorado y la beca. Este último elemento también es mencionado por Becher (2001), quien refiere a la necesidad de conocimientos más profundos sobre la tarea científica para poder definir un tema de investigación. Es decir, el tesista permanece en la condición de alumno que, como lo describe Martínez (1999) para la formación en física, se prolonga por varios años luego de finalizada la licenciatura. El tesista se mantiene en una suerte de adolescencia académica que, en términos de Lovitts (2005), implicaría ocupar una posición más cercana a la de "consumidor de conocimientos" (en este caso, asociada con la ejecución de tareas pensadas y diseñadas por otro) que a la de "productor de conocimientos". Dicho en otros términos, mantiene un rol secundario en su proceso formativo, mientras el rol de decisor sigue a cargo del director. Otro elemento que nos permite pensar en esta condición de alumno en la que se mantiene el doctorando es la frecuente denominación del director como "jefe", de parte del tesista que codifica verbalmente su lugar de subordinación.

El tránsito por el doctorado, el camino hacia la autonomía

Obtenida la beca y admitido en el doctorado, la participación del tesista en la comunidad de práctica continúa ampliándose. Durante los primeros meses, casi el primer año se destina a "saber en qué se está", adaptarse a la nueva etapa de formación que transita. Es decir, aprender sobre la línea de investigación en la que se inserta, los antecedentes de su objeto de estudio, las principales técnicas de laboratorio o recolección de datos con las que va a trabajar, las normas de seguridad e higiene que debe respetar, quiénes son los otros miembros del laboratorio, comenzar a transitar el programa doctoral. El tesista continúa realizando tareas periféricas del laboratorio, pero ahora sobre un tema y objetivos propios. Progresivamente, ejerce mayor decisión sobre la planificación de las actividades cotidianas. Al inicio del doctorado, el tesista trabaja paralelamente en dos líneas: el inicio de los cursos del doctorado y la inmersión en la investigación que se propuso (profundización de la lectura y comienzo de los experimentos).

La realización de cursos, en general, no presenta mayores inconvenientes. Coincidimos con Lovitts (2005) en que sus características didácticas son similares a los del grado: cronogramas preestablecidos, bibliografía y actividades seleccionadas por el docente, evaluación indicada con anterioridad, etc. El problema se encuentra en la elección de los cursos. Por los dichos de los graduados, al inicio la intención es realizar cursos que los ayuden para la tesis. Sin embargo, al poco tiempo comienzan las dificultades para hallar cursos sobre su especialidad, situación que no es extraña si se toma en cuenta que el número de cursos es limitado y que cada investigación aborda una porción mínima de la realidad. Entonces, los doctorandos toman cursos que tienen un interés general o les sirven solo tangencialmente para su tesis. Como dice Cecilia:

> Entonces, en esos cinco, seis años surgieron cursos internacionales que te dan puntaje. Entonces yo me fui a Chile, hice un curso. Me fui a Suecia, hice un curso. Hice una pasantía. Igual eso... no sé si me dieron puntaje o no, pero hice una pasantía en Brasil. Y después hice cursos acá, que lamentablemente no... Mi área era muy particular. Que creo que, de veinte créditos, hice cinco que eran de mi área y el resto me tuve que comer lo que había que fuera a ser aceptado. Esos cursos que vos haces, vas a una comisión, yo la presento y la comisión te dice [...] si acepta, en función de tu tema de doctorado, [siempre que] sean coherentes con lo que vos haces (entrevista tesista Cecilia Zabala, Ciencias Biológicas).

El conocimiento común sobre las Ciencias Naturales nos cuenta que no existe la enseñanza de la metodología de la investigación como un módulo separado de los cursos teóricos ni talleres de tesis o de escritura de tesis.

El desconocimiento de este tipo de espacios por parte de nuestros entrevistados es una primera confirmación de ello. Ahora bien, en el transcurso de nuestra investigación tuvimos noticia de un curso de diseño de experimentos sobre el que decidimos indagar en mayor profundidad (su análisis se presenta en el capítulo 4 de este libro). Por ahora, nos interesa señalar que, de la oferta de cursos del programa doctoral, solo cuatro hacían referencia a la construcción de la investigación (diseño de experimentos) o la escritura de la tesis. El programa doctoral no prescribe ningún curso para todos sus doctorandos. Todos los cursos son optativos, los toman los tesistas por iniciativa propia y en el momento del doctorado que desean.

La otra línea de trabajo durante los primeros meses es el comienzo de los experimentos, sugeridos y diseñados por el director en casi todos los casos. Uno de los principales desafíos que enfrenta el doctorando es la "puesta a punto" de los experimentos; es decir, lograr que tengan validez. Las dificultades aparecen cuando no dan resultados analizables y la multitud de variables implicadas lleva a un sinfín de pruebas que exigen modificar las condiciones del experimento hasta dar con la falla. En ocasiones, pueden pasar varios meses hasta obtener resultados válidos. En este momento, la presencia de miembros más avanzados del equipo es esencial. Delamont y Atkinson (2001) coinciden en que el grupo social que se conforma en un laboratorio otorga la contención afectiva y el acompañamiento teórico-metodológico necesarios para hacer frente a la sensación de fracaso que generan los inconvenientes con los experimentos.

Una vez que el experimento es válido y confiable, para muchos entrevistados continuar con el trabajo hasta alcanzar la cantidad de muestras suficientes "es como seguir una receta". Varios entrevistados mencionan la relevancia del aprendizaje del diseño de experimentos y de los aspectos técnicos de la investigación. Laura, por ejemplo, dijo:

> Pero primero tenés que enseñar cosas técnicas, hay una cantidad de cosas técnicas que hacemos que tenés que aprenderlas, que es muy parecido a aprender a cocinar, aunque en realidad sería como aprender a cocinar, a soldar y a ser electricista, una mezcla de tres o cuatro cosas. Pero después, bueno, es analizar, es ver datos, entender cuándo un experimento está bien hecho, cuándo vos podés tener un resultado que no significa absolutamente nada porque está totalmente mal hecho y [saber] por qué está mal hecho (entrevista directora Laura Zamora, Ciencias Biológicas).

Durante estos primeros dos años del doctorado, el tesista debe presentar el plan de tesis y, al fin de cada año, un informe a la comisión de doctorado correspondiente. Ambos requisitos parecen tener un carácter meramente burocrático, ya que ninguno de los tesistas y graduados que entrevistamos recibió comentario o devolución alguna ni sobre el plan de tesis ni sobre sus informes.

No solo el programa doctoral actúa sobre la formación del doctorando, también lo hace el equipo de investigación. Durante todo este trayecto, los tesistas están expuestos a una estrategia de trabajo incorporada por todos los equipos cuyos integrantes entrevistamos: el *seminario interno de investigación*. Esta toma prácticamente las mismas características en todos los casos, aunque no está institucionalizada. Dada su existencia en los distintos equipos de investigación podemos identificarlo como una *signature pedagogy* —pedagogía de firma— (Shulman, 2005). Es decir, una forma de enseñar y aprender propia de esta disciplina y, en concreto, del programa doctoral en Ciencias Biológicas. Estas *signature pedagogies* son penetrantes y rutinarias, prefiguran las culturas del trabajo profesional y proveen una temprana socialización en las prácticas y valores del campo (Shulman, 2005).

Pero ¿en qué consisten estos seminarios internos de investigación? Todo el equipo se reúne a discutir investigaciones con una frecuencia variable entre semanal y quincenal. En cada encuentro, se discute un artículo recientemente publicado o los avances de la investigación de uno de sus miembros. Todos los integrantes presentan sus avances, desde el director hasta el alumno de licenciatura que se ha incorporado recientemente. Las discusiones se centran casi indefectiblemente en el análisis detallado del diseño metodológico y en reflexiones sobre la validez de los resultados obtenidos y su posibilidad de generalización y significado para la disciplina.

Todos los entrevistados hablaron de la importancia de estos seminarios y del aporte que significan para la formación como investigador, no solamente porque en ocasiones otros critican su investigación, sino también porque la práctica misma de criticar otros estudios, encontrar sus puntos débiles, ofrecer otras hipótesis, diseños de experimentos o líneas de análisis de los resultados alimenta a su propia tesis.

A lo largo de todo este proceso formativo y a través de la resolución de los desafíos, el doctorando va adquiriendo cada vez mayor autonomía, dejando su lugar de alumno que ocupa al principio del doctorado. Según los directores existe un punto de inflexión, mediando el doctorado, en el que el tesista se apropia de la tesis: comienza a proponer experimentos, a probar alternativas, a buscar lugares de publicación, tiene una actitud más crítica de los comentarios del director. Desde una perspectiva estrictamente pedagógica, esta autonomía, que Jackson (2002) denomina autogobierno, es la meta de todo proceso educativo. Es el alumno, en este caso investigador en formación, quien toma las decisiones. En definitiva, deja atrás la adolescencia para alcanzar la adultez académica.

El final del trayecto formativo, escritura y defensa de la tesis

El final de este proceso formativo se encuentra marcado por la escritura y defensa de la tesis, hito a partir del cual el tesista ingresa como par al mundo académico. Es un proceso vivido de muy diversas formas, desde ser una tarea extremadamente difícil hasta una que representa un desafío menor que otras etapas. Es un periodo que ocupa solo los últimos meses de la beca. Entre nuestros entrevistados hubo quienes tardaron un mes y otros un año en escribirla. El desafío viene dado sobre todo por la escritura, por la necesidad de darle un hilo conductor a todo lo realizado en los años anteriores y, en especial, por los sentimientos que despierta estar al final del doctorado. Los experimentos, el análisis de los datos, los resultados significativos y las primeras publicaciones quedaron atrás. Ahora solo resta la escritura misma.

Pero la escritura de la tesis no se limita a un informe de investigación, sino que a partir de ella el tesista debe demostrar que ha aprendido a plantearse preguntas de investigación, a diseñar un experimento (poner los controles adecuados, saber distinguir cuándo un resultado es estadísticamente significativo o es una tendencia o es algo marginal), a planificar a corto y largo plazo (a lidiar con las vicisitudes de la investigación, de resultados, de equipamiento, de posibilidades, de tiempos), a administrar los recursos materiales disponibles, a lidiar con el fracaso, a expresarse científicamente; y demostrar que ha adquirido maneras de interrogar la realidad y la capacidad de observación. También se desarrollan actitudes (aunque algunos consideran que el doctorando ya debe tenerlas al ingresar) como rigurosidad y curiosidad científica. Algo de ello se sintetiza en el siguiente decir de un director:

> ... la formación no es solamente académica, no es solamente generar un plan de trabajo con una hipótesis y un método y resultados y... Por lo menos desde nuestro punto de vista, la gente tiene que formarse mucho más allá de eso, ¿no? Para poder actuar en la sociedad y conducirse con la gente, las comunidades, las autoridades, digamos, tiene que interactuar y tiene que poder administrar lo que tiene y cuidar lo que tiene, y administrar significa, bueno, para ir necesitas plata, tenés que rendirla, entonces se hace un trabajo que va más allá, no son solamente de una tarea biológica, ¿no? (entrevista director Ramón García, Ciencias Biológicas).

Como señala Ramón, el doctorando también debe aprender a administrar recursos, a establecer las relaciones sociales necesarias para su estudio e, incluso, es deseable que transfiera sus hallazgos a la sociedad. Dentro de estas competencias también se encuentra la publicación, la difusión del conocimiento producido. Whitley caracterizó a las ciencias modernas como organizaciones laborales basadas en reputaciones en las cuales "El trabajo se realiza con la mira puesta en [...] incrementar la propia reputación..." (2012: 89), a partir de la producción de novedades e innovaciones. Así, es una de las principales competencias que debe adquirir el doctorando para insertarse en el mundo académico actual.

Además, la publicación es una de las actividades comunes que se realizan de forma conjunta en el equipo de investigación en el que se inserta el tesista. La presentación en congresos y la publicación en revistas son esenciales en el mundo de la ciencia. También lo es durante el doctorado. En primer lugar, en los congresos rara vez se presentan ponencias (denominadas charlas), más bien durante el cursado del doctorado los tesistas presentan *posters*. Dadas estas diferencias, las primeras presentaciones en congresos no les representan un desafío significativo. Si bien es una tarea exigente, el primer paso hacia la publicación, la verdadera dificultad se encuentra en el primer artículo.

En algunos laboratorios, la escritura de los primeros artículos es un proceso graduado con etapas bien diferenciadas. En un primer momento, el doctorando redacta el apartado de materiales y métodos, y en ocasiones el de los resultados. En un segundo momento puede participar en la elaboración de la discusión junto con su director. Y solo después de haber publicado algunos artículos con esta modalidad se embarca en la escritura autónoma de un artículo, con la supervisión final de su director. En todas estas etapas, su lugar como autor varía (comenzando por ser el de menor importancia y, muchas veces, ser el principal hacia el final del doctorado).

Aparentemente, la opción de la publicación en solitario no existe. No hay manuscrito que se envíe a una revista para su evaluación que no haya sido revisado antes por el director y otros miembros del equipo (autores del artículo).

En síntesis, los doctorandos de este programa doctoral de Ciencias Biológicas que estudiamos se insertan en uno con más de un siglo de existencia, el mismo en el que se formaron sus directores de tesis, y para el que el objetivo central es la formación de investigadores. Concurren diariamente a un lugar de trabajo y se integran en un grupo ya constituido que les ofrece un tema de investigación, el equipamiento necesario para hacerlo y relaciones que les pueden ayudar (o dificultar) llegar a su meta. Tal es la importancia del grupo que la investigación se concibe y se practica como una actividad netamente colectiva.

Finalmente, la condición de alumno del tesista se prolonga durante casi todo el doctorado, manteniéndose en una adolescencia académica.

El Doctorado en Ciencias Sociales

De la organización y reglamento

El Programa alberga a estudiantes y profesores provenientes de distintas disciplinas, principalmente Sociología, Ciencias Políticas, Comunicación y Trabajo Social, pero también Abogacía, Ciencias de la Educación y Letras, entre otras. Si bien el objetivo fundamental del doctorado, declarado tanto en el reglamento como en la página web, "… es **formar investigadores** con capacidad para diseñar, realizar y conducir en forma independiente investigaciones originales que contribuyan al conocimiento en el ámbito de las Ciencias Sociales" [negrita propia], no todos sus doctorandos tienen este objetivo en mente.

La estructura curricular del Doctorado en Ciencias Sociales es personalizada. Esta estructura se organiza en dos trayectos. El primero, está destinado a los aspirantes que no posean título de posgrado o trayectoria equivalente. Consiste en el cumplimiento de los créditos necesarios para alcanzar dicho nivel, ya sea a través de la realización de una maestría o de la acreditación de veinte puntos (diez cursos de posgrado de la Facultad o externos). Además, los doctorandos deben completar un taller de tesis inicial cuyo objetivo es la definición del proyecto de investigación. El segundo trayecto está destinado a los aspirantes que acrediten nivel de posgrado o antecedentes equivalentes y una propuesta de tesis de calidad suficiente, o que ya hayan cumplido el primer ciclo. Consiste en el cumplimiento de un plan de trabajo fijado por la Comisión de Doctorado para cada candidato en el cual se especifican la cantidad de créditos a completar (mínimo un curso) y en qué áreas. Asimismo, debe aprobar un taller de tesis cuyo objetivo es el diseño de la estructura (deseablemente) definitiva de la tesis.

Finalmente, el reglamento de la facultad a la que pertenece contempla los mismos requisitos y funciones que el reglamento general de la Universidad para el director de tesis, cuyas funciones son asesorar y orientar al doctorando en la realización de la tesis.

El programa doctoral en Ciencias Sociales en números y contextos de formación

El Doctorado en Ciencias Sociales comenzó a funcionar en 1999. Una de las consecuencias de lo reciente del programa es la diversidad del perfil de sus alumnos. Por ejemplo, previo a la creación de este programa doctoral prácticamente no existían los doctorados en Ciencias Sociales en la Argentina, con lo cual las primeras cohortes de este programa recibieron entre sus estudiantes a docentes y académicos con años de ejercicio que necesitaban acreditar el título.

El programa doctoral creció en su matrícula desde su creación alcanzando un máximo de 220 inscritos en el año 2008 (Tuñón, 2012). La cohorte de 2010 tuvo 191 estudiantes. La matrícula se compone en su mayoría de mujeres. Otra característica de la juventud del programa doctoral es la heterogeneidad etaria de los estudiantes. Al principio, eran mayoría (casi la mitad) los estudiantes mayores de 51 años. Progresivamente, el grupo etario de 30 años o menos aumenta hasta alcanzar el 61% en 2007, y luego se mantiene por encima del 50%, al tiempo que el rango de mayor edad (51 años o más) disminuye progresivamente hasta a alcanzar solo el 3% a partir del 2006 (Tuñón, 2012). Este cambio muestra tanto el impacto del crecimiento del número de las becas del CONICET (que impusieron un límite de edad de 30 años hasta el año 2016) como la modificación en la concepción del doctorado en las Ciencias Sociales como inicio y no como culminación de la carrera académica. Igualmente, es necesario notar que para todas las cohortes conviven doctorandos de distintas edades.

Las tasas de graduación del programa para las cohortes 1999 a 2006 oscilan entre el 30% y el 74% (Matovich, 2014), con una graduación global del 53%. Los tiempos promedio hasta la graduación disminuyeron de 8 años y medio (1999) a 5 años y medio (cohorte de 2006). Aquí también son evidentes los efectos de la expansión de las becas del CONICET.

El contexto en el que director y tesista hicieron sus tesis varía mucho. Por un lado, en la mayoría de los casos, hicieron el doctorado en distintas instituciones. Y, la mitad, en distinto país. Por lo tanto, todo el contexto de realización del doctorado se modifica. También cambia el contexto histórico. En unos pocos casos, fue un periodo signado por el exilio. En la mayoría, un doctorado realizado en el mundo previo a Internet, en el que el acceso a las fuentes bibliográficas era más dificultoso y el hacer el doctorado en el exterior les había brindado la posibilidad, justamente, de acceder a textos que no hubieran alcanzado de otro modo. Pero sobre todo cambia la cultura y el lugar de la investigación en Ciencias Sociales en la Argentina. Si hay algo que prima en las opiniones y percepciones de los entrevistados es el cambio que se produjo en la investigación como campo laboral en las últimas décadas. La expansión de los posgrados, sumada al aumento de las becas del CONICET y a la exigencia de la función de investigación para los docentes universitarios, fueron dando forma paulatinamente a un campo laboral que hoy se encuentra todavía en pleno desarrollo.

Otro de los cambios surgidos a partir de las políticas de mediados de la década del 2000 es la existencia de mayor cantidad de tesistas con becas de estipendio para dedicarse a tiempo completo a la investigación, lo que llevó a la posibilidad de conformar equipos. Además, aumentó el financiamiento para proyectos de investigación, etc. Como relata Piero:

> A partir de ahí, ya los mecanismos son distintos porque la formación de posgrado se empieza a hacer... estallan las maestrías, doctorados, etc. Entonces ahí, mi propia posición ya es distinta digamos, ya nadie me preguntaba por cómo me había formado yo como investigador, sino que yo tenía que dirigir tesis de doctorado y dirigir becas, etc. [...] Si yo te dijera, ya tenemos 10 años; también podría decirte: apenas tenemos 10 años. Entonces, nada, hay gente que no dirigió tesis en su vida y que de pronto tuvo que ponerse a dirigir porque CONICET lo obligaba... (Entrevista director Ciencias Sociales, Piero Abbiosi).

De los espacios, personas y grupos

En Ciencias Sociales, continúa primando la investigación individual, y la interacción diádica entre tesista y director (Whitley, 2012). Particularmente, en el contexto argentino, las políticas científicas de las últimas décadas incentivan la conformación de equipos de investigación (por ejemplo, mediante subsidios como Proyectos de Investigación Científica y Tecnológica, PICT; Proyectos de Investigación Científica y Tecnológica Orientados, PICT-O). Aunque el trabajo en equipos es cada vez más frecuente, muchos investigadores siguen trabajando de modo individual. En el caso de los tesistas, cada cual acuerda, más o menos explícitamente, con su director de tesis la modalidad de trabajo cotidiano. Algunos se insertan en el grupo dirigido por su director, algunos trabajan de modo separado del resto del equipo constituido por su director y otros tantos no tienen más remedio que trabajar individualmente.

Del mismo modo, no hay lugar de trabajo ni horarios fijos; hay menor probabilidad de obtención de becas que en otros campos y, consecuentemente, de estudiar a tiempo completo. Así como individualmente no hay horarios fijos, cada grupo determina su modalidad de trabajo (reuniones quincenales o mensuales, ya sea para discutir los avances de cada tesista o para trabajar sobre un proyecto de investigación común). A esta diversidad de modos de trabajo se suma la variedad de espacios. Hablar de espacios de trabajo en Ciencias Sociales es hablar de aulas, bibliotecas, bares, casas y, ocasionalmente, institutos de investigación. Una constante para los directores y los tesistas es la falta de un lugar de trabajo institucional propio.

> Es raro quedarte en tu casa, es como que está buenísimo, pero a su vez es rarísimo. La casa termina tomada por el trabajo (entrevista tesista Lucrecia Maceri, Ciencias Sociales).

> … arrancamos en el 2007 con la actividad del equipo. Primero sin presupuesto, porque no teníamos ningún subsidio, nos encontrábamos a leer en el living de mi casa cada 15 días (entrevista director Paolo Mangani, Ciencias Sociales).

Como es obvio, la ausencia de un espacio laboral institucional propio genera sus problemas. Desde las dificultades más básicas de no poder establecer una división clara entre la esfera laboral y la hogareña en la propia casa, como señala Lucrecia, hasta la dificultad de hallar un lugar de trabajo cuando no es posible hacerlo en el hogar. A ello se le agrega tener (o desarrollar) la suficiente disciplina como para trabajar autónomamente.

El tipo de relación con el lugar de trabajo institucional y la modalidad de trabajo están asociados a las características propias de las disciplinas. Por un lado, la tarea investigativa no requiere de equipos e insumos costosos que los obliguen a reunirse en equipos y asociarse a instituciones. Por otro, son disciplinas que se caracterizan por ser "sistemas flexibles y débilmente cohesionados con escasa diferenciación interna estable y procesos de coordinación de tipo personal. La investigación es bastante divergente e idiosincrática..." (Whitley, 2012: 305). Es decir, los investigadores pueden optar entre trabajar en equipo o individualmente. Incluso quienes trabajan en equipo no enmarcan sus estudios en un proyecto madre del que se desprendan todas las investigaciones de los distintos miembros del equipo.

La contracara de esta libertad es el escaso financiamiento de los proyectos de investigación y actividades académicas (como la presentación en congresos) del equipo y, en particular, de los tesistas. Dentro de los usos y costumbres de nuestros entrevistados no es habitual financiar el proyecto y las actividades académicas de los tesistas, ni que las tesis requieran inversiones importantes. Generalmente, los tesistas no dependen de los recursos que pueda proveer el director para la realización de sus tesis. Más importantes son los costos de las actividades relacionadas con la difusión de los resultados de la investigación, por ejemplo, en congresos. Así lo relata uno de los directores:

> ... la guita de los subsidios no es para mí solo, que compramos cartuchos para las impresoras de todos. Boludeces, ¿no?, pero que son importantes. [...] Que cuando hay viajes, resolvemos quién va y si es cerca vamos todos y si no... Ahora el año que viene toca Yokohama, el mundial de la ISA [International Sociological Association], ahí voy a ir yo y por ahí alguno más, porque es Japón. Pero ahora, a Chile vamos todos, al ALAS [Asociación

Latinoamericana de Sociología]. [...] Compramos libros para todos, en general... A ver, compramos los libros para el proyecto... (Entrevista director Paolo Mangani, Ciencias Sociales).

En síntesis, las modalidades de trabajo en Ciencias Sociales pueden ser muy disímiles. En un extremo, encontramos investigadores y tesistas que forman parte de un equipo que cuenta con una sala de trabajo institucional a la cual pueden concurrir (aunque sea) algunas horas por semana, que mantienen contacto entre semanal y quincenal todos los miembros del grupo y también tienen subsidios con los cuales financian los principales proyectos del equipo y algunas actividades o insumos individuales para sus miembros. En el otro extremo, se encuentran aquellos que trabajan individualmente desde el hogar o en espacios no institucionales y, en el caso de los tesistas, sin financiamiento para su proyecto o actividades académicas (como los congresos) más allá de la beca estipendio. Y en el medio, existen varias combinaciones como equipos de investigación sin lugar de trabajo que deben reunirse en hogares, pero cuentan con algún tipo de financiamiento para sus proyectos, o investigadores que trabajan individualmente pero con un lugar de trabajo institucional fijo.

El trayecto formativo en Ciencias Sociales

El inicio del doctorado

La mayoría de los tesistas que entrevistamos coincidieron en que durante la licenciatura no tuvieron mucho conocimiento sobre la investigación como actividad laboral. En general, fue a partir de compañeros de cursada o de *un* docente que tomaron contacto con el tema, con la existencia y función del CONICET, y de las posibilidades que brinda la Facultad a sus estudiantes. Solo aquellos con el capital social y cultural afín a la academia (por ejemplo, los provenientes de los colegios secundarios universitarios) conocían la existencia de las instituciones de Ciencia y Técnica y el camino a seguir para iniciarse en la investigación.

Lejos de ser la norma entre los alumnos de la licenciatura, la participación en un equipo o proyecto de investigación es una excepción. Quien tiene la curiosidad e iniciativa suficientes como para acercarse a un docente-investigador puede comenzar un camino sinuoso e incierto hacia la iniciación en la academia a partir de asistir a reuniones de un equipo de investigación, participar de modo no rentado en algún proyecto de investigación o acceder a una beca otorgada por la universidad. A partir de estos primeros pasos los tesistas comienzan a conocer el camino de la investigación y se proponen seguir en la academia realizando estudios de posgrado. Estos primeros pasos suelen funcionar como mecanismo a partir del cual establecen una relación con sus futuros directores de tesis.

Solo algunos estudiantes siguen este camino. Otros, se acercan al mundo de la investigación a partir de los estudios de posgrado, específicamente de la maestría, a la cual ingresan con la intención de profundizar sus conocimientos o para alcanzar un grado académico superior y mejorar sus posibilidades laborales. El cambio se produce cuando conocen más de cerca el mundo académico durante la cursada o al inicio de la realización de la tesis de maestría. Una vez tomada la decisión de continuar en la academia, contactan a antiguos docentes del grado, actuales docentes del posgrado o a investigadores que no conocen para solicitarles que sean sus directores de tesis.

Entonces, existen dos trayectos formativos que los tesistas pueden transitar: licenciatura-doctorado y licenciatura-maestría-doctorado. Ambos trayectos son igual de populares aunque, con el correr de los años y la experiencia que la disciplina va adquiriendo en la formación de sus propios miembros, se vuelve ligeramente más frecuente el primer trayecto formativo. Este implica una continuidad entre el grado y el doctorado. El tesista se inicia en la investigación ingresando al programa doctoral y es en el mismo proceso de realización (o en algunos pocos meses anteriores) que define su tema de interés, objeto de estudio, y director. Los tesistas que eligen esta opción muchas veces ven a sus pares que realizaron una maestría como mejor preparados que ellos para encarar un doctorado o, por lo menos, con la experiencia de ya haber realizado una tesis. Si bien no se arrepienten de la opción elegida, consideran que una maestría previa los podría haber preparado mejor. Es decir, entre los tesistas se percibe la misma concepción de insuficiencia de la formación de grado que en la institución. "En ese primer momento, yo me acuerdo que quise hacer maestría, me daba un poco de terror la idea de meterme en un doctorado, me parecía como que era una práctica interesante hacer maestría..." (Entrevista tesista Sofía Davide, Ciencias Sociales).

En cuanto al segundo trayecto, existen diversas historias formativas. Para algunos es una de continuidad entre licenciatura, maestría y doctorado en términos de tiempo transcurrido entre uno y otro, de institución, de director y de tema; mientras que para otros pueden mediar años entre la finalización de la maestría y el inicio del doctorado, cambiando institución, tema y director entre ellos. Los tesistas entrevistados que optaron por el segundo trayecto, hicieron la maestría y el doctorado con el mismo director de tesis, con continuidad tanto de la relación como del objeto de estudio. En estos casos, mucho de la tarea investigativa se aprende durante el desarrollo de la tesis de maestría.

Entre los directores no hay acuerdo sobre las potencialidades y limitaciones de uno u otro trayecto. Para algunos la maestría es un paso previo necesario, sobre todo para quienes recién han terminado la licenciatura. Para otros, es un factor que puede determinar el retraso en el inicio del doctorado y la duplicación de trabajo si no se han articulado adecuadamente las tesis de uno y otro programa de posgrado desde un principio. Muchos de estos últimos han cambiado sus opiniones a lo largo de los años, moviéndose de la primera a la segunda perspectiva.

No debemos pasar por alto que aquello que subyace en esta distinción entre trayectos formativos y las condiciones en las que se realiza el doctorado es la concepción de alumno. En el doctorado en Ciencias Sociales, se considera que debe haber un trayecto sistemático y formal intermedio, ya sea por la maestría o por la cursada del primer ciclo del doctorado. Así, el alumno de este programa doctoral debe ser más autónomo y un adulto joven en la disciplina. No es un estudiante dependiente, un adolescente académico a la espera de las indicaciones del director. Es decir, él debe tomar gran parte de las decisiones respecto de su proyecto de investigación (definir el objeto de estudio, determinar el diseño metodológico, seleccionar un marco teórico), además de tener la autodisciplina que le permita organizar su trabajo independientemente de la concurrencia a una institución de modo cotidiano. Así, necesita tener una formación teórico-metodológica mayor que la que le brinda la carrera de grado y estar transitando la adultez académica (sus comienzos, al menos).

Asimismo, a lo largo de todo este proceso formativo, el tesista desarrolla competencias para la tarea investigativa. Las más valoradas en Ciencias Sociales son: conocimiento sustantivo de la disciplina, problematizar un fenómeno social y definir un objeto de investigación, diseñar una estrategia metodológica adecuada a los objetivos de investigación, escribir académicamente.

Para el desarrollo de estas competencias, además de la realización de la tesis, el doctorado requiere la aprobación de cursos y seminarios. Estos cursos no se diferencian sustancialmente de los realizados durante la licenciatura (y/o maestría) y, por lo tanto, no representan un desafío particular para los doctorandos. Más bien el desafío se encuentra en la oferta de cursos y la posibilidad de hallar los suficientes para completar los créditos y que sean para profundizar su conocimiento en el objeto de estudio. Hay cursos obligatorios y optativos.

Entre los cursos obligatorios se encuentran los talleres de tesis. Se ofrecen en dos momentos: al principio y hacia el final del doctorado (uno en cada ciclo). En el primero, el objetivo es orientar la elaboración del proyecto de investigación; en el segundo, el objetivo es guiar la elaboración de la estructura de la tesis. Todos los alumnos del doctorado deben hacer por lo menos uno de los talleres según sean sus antecedentes al momento de la entrevista de admisión.

La cursada del taller de tesis representa distintos desafíos para los tesistas. Desde los propuestos por el taller, como la definición del objeto de estudio y el establecimiento de la estructura tentativa de la tesis, hasta poder lidiar con las primeras exposiciones semipúblicas del trabajo propio. Sin embargo, no siempre las potencialidades del taller son claras para los tesistas. En algunos casos, parece haber un desfasaje entre los tiempos de la producción personal y el momento en el que se accede a la cursada del taller. Por ejemplo, realizar el primer taller cuando ya se ha presentado el proyecto de investigación en otra instancia evaluadora como el CONICET (por lo tanto, con las grandes definiciones ya realizadas) o, en el caso contrario, cursar el segundo taller cuando todavía no se ha comenzado el trabajo de campo de la investigación (y, por lo tanto, establecer una estructura tentativa de la tesis que aún es una tarea muy lejana para los avances realizados efectivamente).

Según los docentes, los talleres permiten que los tesistas se encuentren con pares y con académicos en espacios formativos centrados en la práctica de la investigación. Su objetivo es acompañar a los estudiantes durante la realización de la tesis ya que el trabajo sobre los miedos y expectativas favorece las producciones de los tesistas (Carlino, 2012). Esta función está acompañada de brindar orientaciones metodológicas y teóricas. Aunque el objetivo de los talleres no es enseñar metodología de la investigación, los docentes muchas veces trabajan este tipo de contenidos con el fin de orientar en la construcción del proyecto o plan de tesis.

Institucionalmente, estos talleres también se constituyen en instancias de seguimiento y evaluación de los doctorandos. El trabajo final de cada uno de ellos es un documento (proyecto de investigación y estructura de la tesis respectivamente) que el doctorado utiliza como instancia de seguimiento y evaluación institucional en proceso. Sin embargo, los tesistas rara vez hicieron mención a estas instancias como relevantes. De hecho, en ningún caso habían recibido comentarios sustantivos de sus proyectos por parte de la institución.

El tránsito por el doctorado, ¿autonomía o soledad?

En Ciencias Sociales, la inserción en un equipo de investigación no es moneda corriente. Casi la mitad de nuestros entrevistados no integra un equipo. En consecuencia, son pocos los doctorandos que tienen la oportunidad de aprender la tarea investigativa a partir de realizar tareas periféricas en los proyectos de otros. Cuando sí ocurre, a partir de un proyecto del director, los tesistas comienzan a participar en la lectura de referentes teóricos, en el diseño de instrumentos de recolección de datos, en su análisis y, muchas veces, en su publicación. Sin embargo, en la gran mayoría de los casos, el comienzo en la investigación es con la propia tesis, ya sea de maestría o de doctorado. Esto implica que el aprendizaje se realiza con actividades de alta importancia para el tesista, en las que él tiene la responsabilidad principal. Es decir, aprende a definir un objeto de estudio en la medida en que logra definir el de su tesis. Esta alta involucración del tesista no implica necesariamente problemas para el aprendizaje; es más, la motivación intrínseca (Bernardo Carrasco, 1991) es uno de los motores más potentes del aprendizaje. Pero sí podría significar una relación más emotiva con la tarea en la que un error o fracaso tendría un costo afectivo mayor.

A la hora de caracterizar el trayecto formativo, los tesistas resaltaron la individualidad y soledad en la que realizaron la tesis. Si bien esta soledad se ve matizada por la creciente existencia de equipos de investigación, tanto los tesistas que forman parte de un equipo como los que no, conformaron grupos de pares autogestionados. O sea, independientemente del equipo de investigación creado por el director (en el que los miembros no necesariamente trabajan sobre un mismo objeto de estudio), los tesistas generan grupos con el fin de compartir y enfrentar los distintos desafíos que les presenta el doctorado; sea la adaptación al trabajo académico, sea discutir sus avances o borradores de publicaciones, o armar grupos de estudio sobre un tema específico. Estos grupos funcionan también como un sostén psicosocial de apoyo e incentivo. De este modo, en Ciencias Sociales, gran parte de la socialización académica recae sobre la iniciativa del tesista y de los ámbitos de inserción que él mismo genere.

En definitiva, la autonomía que se espera (y supone) de los tesistas en Ciencias Sociales tiene su corolario en la soledad (acompañada por la inseguridad e incertidumbre) que sienten de los tesistas durante todo su trayecto formativo. La búsqueda de ámbitos de intercambio y de socialización, que muestran los grupos de pares autogestionados, indica que el tránsito individual (y aislado dada la escasez de espacios institucionales) no es deseado por los doctorandos.

Para estos tesistas de Ciencias Sociales, la publicación es una experiencia más de autonomía (o soledad). En este sentido, encontramos escasos casos de publicación conjunta y escasa lectura por parte del director de los borradores de sus tesistas durante el proceso de escritura de una ponencia o un artículo. Incluso en los equipos de investigación, la publicación conjunta es fruto de los proyectos de investigación comunes del equipo. Las producciones que se derivan de la tesis doctoral son de autoría casi exclusiva del tesista. De hecho, algunos directores hablaron enfáticamente en contra de aparecer como autores en las publicaciones de sus tesistas. El rol del director aquí parece estar en asesorar acerca de los congresos o revistas más convenientes, cuando lo solicita el tesista; y en "presionar" para que se produzcan publicaciones guiados por el ya conocido precepto "*publish or perish*" (publica o perece).

La presión por la publicación deriva en la dicotomía: cantidad-calidad. En su investigación, Becher expresa: "... los académicos mayores y más asentados sostenían generalmente que es la calidad lo que cuenta" (2001: 79). En nuestro estudio, hallamos que tanto los tesistas como los directores abogaban por la cantidad y la calidad. Los esfuerzos deben estar puestos en lograr ambas cosas, ya que la evaluación del sistema científico también toma en consideración (indirectamente) la calidad de las publicaciones al medir el tipo de revistas en que han sido publicados. Pero el inconveniente para los tesistas es lograr identificar cuáles son los criterios de calidad de una publicación, qué constituye una publicación de alta calidad. El relato de Miranda ejemplifica estas dificultades:

> Yo hasta que entendí el concepto de referato indexado y la mar en coche, tardé no sé cuántos años. Pero de verdad es algo que llegó muy tardíamente a mi carrera, me costó mucho, mucho, porque te diría que es lo que más me cuesta. […] El primer artículo que mando, sola, lo mandé… primero, lo mandé a [mención de la revista]. Lo hicieron mierda. Lo que pasa es que, claro, en el medio de toda esta cosa así tan iluminista académica, mis artículos se llamaban [título que refiere a su tema de investigación usando una frase popular], y me terminaban haciendo mierda, claramente. Yo creo que un poco por prejuicio y otro porque claramente el artículo no era bueno al principio. Después entendí que no podía mandar un artículo [con ese título]… pero bueno, eso nadie me lo había dicho. No, no había alguien que me dijo "Bueno, a ver, ¿qué estrategias para publicar?" […] Verónica [un par] fue una de las personas que me orientó mucho en ese sentido, ya venía publicando… Entonces, Vero me dijo "No, tenés que publicar en revistas extranjeras porque te dan más puntaje que las nacionales y, en general, Chile y Brasil son los dos países que más publican, después bueno, está Colombia, está Perú, pero es más complicado eso…" (Entrevista tesista Miranda Schiavi, Ciencias Sociales).

Otra vez, esta autonomía forzada lo deja al tesista con la responsabilidad total sobre su formación en la publicación de los resultados de investigación. En la organización de los tiempos, en la identificación del material que es adecuado para convertirse en un artículo y de los ámbitos más pertinentes no solo para la publicación, sino también para la acumulación de las credenciales necesarias para el próximo paso en el sistema científico. Es fundamentalmente a partir de ensayo y error que los doctorandos aprenden esta función. Es decir, a partir del envío y rechazo de artículos en distintas revistas. En muchos casos, los tesistas vuelven a reunirse con pares para poder llevar adelante esta tarea en conjunto.

La otra gran experiencia de escritura durante el doctorado es la de la tesis, que se caracteriza por la soledad. ¿Es justo caracterizarlo así? Difícilmente podamos sostener que es una particularidad del grupo disciplinar, al fin y al cabo, la tesis doctoral debe ser una producción individual y, por tanto, su escritura también debe serlo. Al igual que en otras etapas del proceso doctoral, los doctorandos generan instancias de discusión de avances con pares. Paralelamente, es uno de los momentos del proceso de tesis de mayor cantidad de intercambios con el director y en el que se realizan las discusiones más fundamentales. Por otro lado, algo que sí parece ser una característica del grupo disciplinar es el tiempo que demanda la escritura de la tesis. En casi todos los casos, demoró más de un año, entre un año y un año y medio.

La preparación para la defensa de la tesis, a diferencia de todo el proceso previo, se vive en compañía de otros. El director, o el director y el equipo están presentes en la preparación de la defensa. Siempre existe una instancia de ensayo de la presentación de la cual resultan modificaciones propuestas tanto por el director como por los otros miembros del equipo.

En síntesis, el tesista en Ciencias Sociales puede comenzar su trayecto formativo tanto con una maestría como directamente con el doctorado. Este último, tiene una corta vida institucional de poco menos de dos décadas. O sea, que no tiene el peso de grandes tradiciones que debe continuar, pero tampoco tiene suficientes generaciones en su haber. La relación con el lugar de trabajo es libre, cada equipo e investigador establece su modalidad de organización. La causa es que la mayoría de sus miembros carecen de los espacios y materiales necesarios. Por ese motivo, las instancias de intercambios tienen que ser generadas por ellos mismos. La hegemonía del trabajo y la publicación individual son características del programa. Estas repercuten en una autonomía forzada del tesista durante todo el proceso.

Finalmente, contrastando los dos programas, podríamos decir que en Ciencias Biológicas, la condición de alumno se prolonga durante casi todo el doctorado, manteniéndose el tesista en una "adolescencia académica". En Ciencias Sociales, por el contrario, se espera que el tesista sea autónomo durante todo el proceso, forzándose su ingreso en la "adultez académica". Desde el inicio, debe tomar el protagonismo del proceso formativo, por ejemplo, en la definición del objeto de estudio.

2

¿Qué es la dirección de tesis?

La pregunta planteada en el título parece sencilla, pero su respuesta es mucho más compleja de lo que podría suponerse. Su aparente sencillez deviene del hecho de que cualquier persona que haya circulado por el ámbito universitario ha escuchado hablar del "director de tesis" y, si ha hecho un posgrado, ha tenido uno. Además, al revisar los reglamentos y planes de estudio de los programas doctorales nacionales (posiblemente, si lo hiciéramos con el resto del mundo también), el director de tesis es la única figura prescrita en todos, cualquiera sea la estructura curricular (incluso los que contemplan solo la realización de la tesis agregan el requisito de que sea supervisada por un director). Por lo tanto, la figura del director es la única que se piensa como imprescindible en la formación doctoral. Si bien formalmente tiene la función de supervisar la calidad de la investigación del tesista y en los hechos tiene el potencial de convertirse en el espacio formativo por antonomasia, esta figura despierta sentimientos tan dispares como agradecimiento, respeto, lealtad, miedo y odio. Es probable que lo difícil sea que provoque indiferencia.

Por otro lado, la dificultad se encuentra cuando se quieren responder preguntas más puntuales. Por ejemplo, ¿qué es, específicamente, la dirección de tesis? ¿Cómo está organizada? ¿Qué actividades se hacen en este espacio? ¿Cómo entran en relación director y tesista? ¿Cuál es la función específica del director? ¿Es el primer evaluador del trabajo (que lo lee una vez finalizado y en alguna instancia intermedia más)? ¿Es un orientador o guía para la realización de la tesis? ¿Es un orientador o guía para la formación del tesista como doctor? Si asumimos que es un rol formativo dentro del doctorado: ¿es el docente principal o hay otros que ocupan lugares más relevantes?

Antes de embarcarnos en la compleja tarea de responder las preguntas planteadas, es preciso advertir que si bien aquí estamos hablando específicamente del doctorado, consideramos que gran parte de las notas y características de la dirección de tesis son válidas para los otros títulos universitarios que conllevan la realización de una tesis. Como profundizaremos más adelante, la realización de una tesis entraña ciertas características particulares que la diferencian de la realización de cursos, lo que conlleva una relación pedagógico-didáctica distinta a la que se establece entre docente y alumnos de un curso.

Definición de la dirección de tesis como una práctica formativa

El primer desafío que presenta la definición de la dirección de tesis es la diversidad de términos que existen para referirse a la figura del académico que orienta al estudiante durante la realización de su tesis. En varios países latinoamericanos se utiliza el término director de tesis y en otros, como en México, se habla de tutor de tesis. En los países anglosajones, también se usan términos diversos. *Supervisor* (en el Reino Unido y Australia) y *advisor* (en Estados Unidos) refieren a la misma figura. Detengámonos un poco en las definiciones de estos términos que pueden servirnos para comenzar a indagar de qué se habla cuando se menciona esta figura. El diccionario[8] nos dice:

> Director: persona que *decide* la orientación de un emprendimiento. Persona que dirige algo en razón de su profesión o de su cargo.
>
> Tutor: Persona encargada de *orientar a los alumnos* de un curso o asignatura. Profesor universitario que dirige el trabajo y la formación de uno o varios estudiantes: "El tutor debe aprobar el proyecto". Maestro particular que se encargaba de la instrucción y de la educación de los hijos de una familia.
>
> Supervisor (*supervisor*): "que supervisa". Y supervisar significa: "Ejercer la *inspección* superior en *trabajos realizados por otros*" [Traducción propia].
>
> Consejero o asesor (*advisor*): Persona que *aconseja* o sirve para aconsejar [Traducción propia].

Evidentemente, cada uno de estos términos hace referencia a distintos roles de personas que se posicionan de modo diverso frente a una tarea que implica el trabajo con otros y con su producción. Podríamos entenderlos como distintos posicionamientos que toma un académico que ejerza la función de dirección de tesis. Unos más cercanos a un jefe; otros, a un docente; algunos con mayor intervención en la investigación del tesista y otros, más alejados. A pesar de que esta diferencia terminológica podría significar tradiciones distintas y modos diversos de ejecución de esa función, en las publicaciones de distintos países sobre el tema no se refleja correspondencia entre

---

[8] Las definiciones se tomaron de países en los que se utilizan cada uno de esos términos. Para tutor, del Diccionario de Español Mexicano, del Colegio de México; para *supervisor*, del Oxford Dictionary; para *advisor*, del American Heritage Dictionary; y para director, del Diccionario de la Real Academia Española.

el término utilizado y una concepción unívoca sobre la dirección. Es decir, bajo un mismo término se reconocen concepciones y modalidades de ejercicio del rol que se corresponderían con la definición de otro término. Esto es frecuente con los términos *advisor*, *supervisor* y director de tesis. Paralelamente, un mismo modo de ejercer el rol y de entenderlo es denominado de diversos modos según el país de pertenencia de los autores de cada publicación. Es lo que ocurre con la concepción de la dirección como actividad formativa. Solo en México parece haber un término que explicite el carácter formativo de esta tarea de los académicos. Sin embargo, bajo los otros tres términos, hay quienes comprenden la tarea del mismo modo. En definitiva, se trata de una misma función y figura formadora que recibe distintos nombres.

Si bien esta variedad terminológica probablemente siga existiendo, comienza a delinearse un cambio de concepción que implica comprender este rol como una función formativa. Ahora bien, ¿en qué se sustenta este cambio de concepción?

En primer lugar, existe una importante diferencia entre la cursada y el proceso de elaboración de la tesis. Como dijimos, se pueden identificar dos momentos o instancias en la educación doctoral[9]: de asistencia a cursos y de investigación casi independiente. En segundo lugar,

---

[9] La primera consiste en la asistencia a cursos, donde el doctorando es principalmente un consumidor de conocimientos. Los doctorandos procuran dominar el conocimiento de su disciplina (en un área específica), y tratan de establecer relaciones con académicos y otros doctorandos. En la segunda, el doctorando es un productor de conocimientos mediante el desarrollo de una investigación independiente. En esta etapa, la relación con el conocimiento cambia y los estudiantes pasan de aprender lo que otros saben y cómo lo saben, a producir y crear conocimiento. También cambia su relación con sus pares, docentes y el director de tesis, ya que se espera que sea autónomo y trabaje independientemente. El doctorado como trayecto formativo implicaría el pasaje exitoso de una etapa a la otra (Lovitts, 2008).

actualmente varios estudios reconocen que el tesista no es autónomo en lo que al proyecto de tesis se refiere, requiere orientación para definir el objeto de estudio adecuado a una tesis doctoral, probar nuevas técnicas de investigación, etc. (Cassuto, 2010; Johnson y otros, 2000). Estudios que surgen en contraposición a una postura que consideraba que los estudiantes debían ser capaces de "absorber" el conocimiento y habilidades del director a partir del trabajo codo a codo y la observación de su modo de proceder como elementos suficientes para el aprendizaje (De la Cruz Flores y otros, 2010 y Halse, 2011). En este marco, "... la dirección fue considerada por muchos académicos como un 'espacio privado', en el cual los directores pasaban el 'oficio' de investigador a los estudiantes y los aculturaban en los discursos disciplinares principalmente por ósmosis" (Manathunga, 2005: 19). Sennett (2010), en su libro *El artesano*, enfatiza esta relación entre el oficio y el secretismo señalando, que para algunas prácticas del oficio, el saber se convertía en un secreto personal.

Así, frente a un estudiante que no es del todo autónomo para realizar la tesis y en un contexto formativo que le resulta novedoso, definitivamente lo que se requiere es quien cumpla una función de asesoramiento, orientación y guía.

Entonces, la dirección de tesis es una alianza de aprendizaje, un acuerdo entre el director y el tesista de trabajar en una meta común: la producción de una tesis (Halse y Malfroy, 2010). En la definición anterior, aparece una intencionalidad formativa en una relación en la cual uno tiene mayor conocimiento que el otro respecto de la realización de una investigación. Si consideramos que la enseñanza es una relación entre dos o más personas en la que una de ellas posee un conocimiento o habilidad que la otra(s) no posee(n), y que tiene la intención de transmitírselo ayudándolo(s) en sus actividades de aprendizaje (Fenstermacher, 1989), podemos decir que la dirección de tesis es una relación educativa. En esta alianza de aprendizaje, es el director quien posee un conocimiento profundo de la disciplina y de cómo realizar una investigación.

Sin embargo, algunos esgrimen argumentos que pueden hacer frente a esta concepción de la dirección de tesis. El más frecuente de todos suele ser el de presuponer que el tesista, como graduado universitario, posee los conocimientos y las competencias necesarios para hacer frente a la realización de la tesis. Ya mencionamos la existencia de posturas que cuestionan esta concepción. Solo recordar la pregunta sobre el sentido y lugar del doctorado en la carrera académica actual: es su inicio más que su finalización.

Otro de los argumentos que suele esgrimirse se basa en que la dirección de tesis cobra características distintas según cada tesista, exigiendo que el director adecue su modalidad de dirección a cada uno de ellos y proponga actividades diferentes según las necesidades formativas de cada cual. En algunos casos, esta cualidad da pie para argumentar acerca de la imposibilidad de una reflexión pedagógico-didáctica sobre la dirección de tesis. Contrariamente a esta suposición, dicha cualidad es común a cualquier práctica de enseñanza. En ningún nivel del sistema educativo es posible sostener que todos los alumnos aprenden de la misma forma o que una misma estrategia de enseñanza ha de conseguir los mismos resultados en todos los alumnos. Esto no impide el desarrollo de estrategias de enseñanza sobre la base de las características comunes que posee un proceso educativo en cuanto al contenido, edad de los alumnos, el nivel del sistema educativo y el contexto de aprendizaje. Del mismo modo, también es posible desarrollar estrategias para la dirección de tesis, a pesar de las diferencias entre un tesista y otro, e incluso entre las áreas disciplinares.

En definitiva, la dirección de tesis es una tarea formativa. Así entendida, se corresponde con la denominación de tutoría que presentamos más arriba (como también lo señalan algunos autores de la línea mexicana), y asume las notas pedagógico-didácticas con las que se define una relación tutorial. Una relación entre dos personas cuyo objetivo es formar y orientar al tutoreado. Los tutores son quienes brindan la posibilidad de aprender en la práctica "... en un contexto de riesgo relativamente bajo [...], [y además] inician a los estudiantes en las tradiciones de la profesión y les ayudan por medio de la 'forma correcta de decir, a ver por sí mismos y a su manera aquello que más necesitan ver'" (Schön, 1992: 29).

Esta es la concepción que se propone a nivel teórico por quienes investigan el tema. Pero la pregunta remanente es qué sucede entre los investigadores y académicos argentinos. ¿Cómo entienden la dirección de tesis? ¿Qué particularidades le encuentran a esta tarea formativa?

En nuestro estudio, hallamos distintas concepciones acerca del carácter formativo de la dirección de tesis que van en un continuo: desde entenderla como parte de un proceso formativo que es del tesista, en el que el director tiene poca responsabilidad e injerencia, hasta concebirla como una actividad de enseñanza de responsabilidad exclusiva del director. Además, encontramos otros modos de entender la dirección de tesis que son complementarios y nos permiten pensar más profundamente sobre sus características y particularidades. Frecuentemente, la dirección de tesis es comparada con la gestión de un microemprendimiento. Tanto en Ciencias Biológicas como en Ciencias Sociales, el director gestiona el desarrollo y mantenimiento del laboratorio o equipo de investigación: tiene varias personas a su cargo, fondos que administrar y objetivos que alcanzar. Esto lo lleva a brindar parte de las condiciones que posibilitan la realización de la investigación de sus tesistas. Es más, en Ciencias Biológicas, parece claro para los directores y tesistas graduados entrevistados que es obligación del director financiar el proyecto del tesista.

Paralelamente, la dirección de tesis es comparada con la consultoría psicológica. La mayoría de los directores que formaron parte del estudio consideran que es necesario atender al estado anímico de sus tesistas respecto de la tesis y sostenerlos cuando sea necesario. El apoyo emocional que el director pueda brindar es tan importante como la orientación en los aspectos teóricos y metodológicos de la tesis. Los tesistas en ambos programas esperan que el director sea un sostén emocional. Estas dos concepciones pueden ser sostenidas por el mismo individuo como dimensiones complementarias de su rol:

> Y también sirve, que es lo que me enseñó a mí mi director; no es un desafío, pero es hacer de *coach* y de *manager*. O sea, dar ánimos y dar plata. Probablemente, yo tenga más facilidad de conseguir plata para ir a un congreso que él como tesista. Y eso también es un desafío, a veces poder sostener una mini PYME. (Entrevista director Maurio Paddeo, Ciencias Sociales).

Aunque los entrevistados no relacionan directamente estas concepciones con su carácter formativo, ambas constituyen aspectos subsidiarios de la formación del tesista como doctor. Como señalan De la Cruz Flores y otros, la principal competencia del director de tesis es: "... favorecer la formación integral de los estudiantes y apoyar su inclusión gradual en una comunidad de práctica investigativa..." (2010: 87). Entonces, el bienestar emocional del tesista en lo que a su tesis se refiere, y cierta seguridad en que se podrá financiar su investigación, es importante para su formación.

Otro modo frecuente de entender la dirección de tesis es como un vínculo semejante a la relación padre-hijo. Esta analogía lleva a pensar la dirección de tesis como un vínculo intenso que, muchas veces, excede el ámbito meramente académico o profesional para convertirse en una relación personal. Asimismo, nos permite reforzar la idea del carácter formativo de la dirección de tesis. El vínculo padre-hijo tiene una fuerte impronta formativa, el cuidado de los hijos implica su educación y socialización; son los progenitores quienes ayudan al niño a desarrollar las capacidades necesarias para vivir en el mundo (Meirieu, 1998).

> O sea, muy… muy paternal está cuando se está creando ese proyecto, es un referente constante, siempre presente. Sobre todo cuando CONICET te pide que vos, de la nada, de una licenciatura que es básicamente la infantilidad total, presentes un proyecto en el cual te piden desde un primer momento antecedentes, que no existen para una persona de veintipico de años, no hay. Lo tenés que crear, porque es un mundo inhóspito, porque la parte que es inhóspita es… muy adversa, no lo podés hacer solo. Entonces necesitas un chabón, a menos que seas un genio. Un genio no es uno. Ahí es que es necesario. Después, como de todo rol paternal, te vas alejando porque vas como a querer hacerlo solo. Y siempre volvés, porque te generan dudas que no podés resolver. Es eso. Eso es el director para mí. (Entrevista tesista en curso Darío Sechi, Ciencias Sociales).

Para Darío, el director aparece como una figura paterna, en los momentos de necesidad, para asistir en la resolución de los problemas a los que se enfrenta el investigador en formación. Es un sostén en el que se apoya el tesista. Parafraseando a Meirieu (1998), el director es quien introduce al niño (el tesista) en el mundo (la academia). Así, es una relación educativa a partir de la cual ambos, pero principalmente el tesista, adquieren nuevas competencias. Al mismo tiempo, así como el director es una figura paterna, el tesista ocupa el lugar del hijo, incluso Darío habla de infantilidad.

Esta infantilidad reforzaría la idea del tesista como una persona que necesita de la guía y orientación de otro más avanzado, lo ubicaría en su condición de alumno. En el caso de Darío, se puede ver que al inicio del doctorado, por lo menos, el tesista se sitúa en su condición de alumnidad, de dependencia de otro. Ya mencionamos la prolongación de la condición de alumno en Ciencias Biológicas y la autonomía forzada a la que se ven expuestos sus congéneres de Ciencias Sociales. Si bien esta característica parece ser más propia de Ciencias Biológicas, la expresión utilizada por Darío permite pensar que hablar de condición de alumno al inicio del doctorado es válido para los tesistas de ambos programas doctorales.

En suma, las concepciones que sostienen los tesistas y directores implican la idea de la dirección de tesis como una actividad formativa. Sin embargo, solo algunos entrevistados se refieren explícitamente al rol pedagógico del director. En general, consideran más bien que la dirección implica realizar un seguimiento del tesista y brindar las indicaciones necesarias para la realización de una investigación de carácter científico. Ahora bien, ese "brindar las indicaciones necesarias" no puede significar otra cosa que ofrecer una oportunidad de aprendizaje de cómo realizar una investigación al tesista.

Las características de la dirección de tesis como actividad formativa

Entender la dirección de tesis como una tarea con intencionalidad formativa implica que el rol del director no es solamente revisar y guiar el proceso mientras el del tesista es el de ser el responsable único de producir la tesis (Halse y Malfroy, 2010); antes bien, se espera que asuma un rol activo que promueva el aprendizaje de las distintas dimensiones de la investigación. Desde quienes se dedican a investigar y analizar la temática, suele considerarse que la dirección de tesis consiste en que los directores modelen (o muestren) las actividades, promuevan la reflexión, mantengan a los tesistas involucrados y, sobre todo, ajusten el nivel de dificultad de los desafíos que proponen a los estudiantes a lo largo del proceso de producción de la tesis (De la Cruz Flores y otros, 2010).

En estas concepciones, parece recaer toda la responsabilidad sobre el director. Si bien no coincidimos con esta sobrevaloración de las obligaciones del director, sí nos resulta interesante profundizar en las funciones y principios que rigen el rol del director de tesis de modo de caracterizarlo como figura formadora específica del nivel de posgrado.

Funciones de la dirección

Un modo de adentrarse en el análisis y conocimiento de la dirección de tesis es identificando sus funciones. Hay cuatro funciones centrales para comprender de modo global/holístico/comprehensivo la dirección de tesis: asesoría académica, socialización, apoyo psicosocial y apoyo práctico. La *asesoría académica* alude a la orientación brindada por el director para el conocimiento profundo y sustantivo de la disciplina, y desarrollo de nuevo conocimiento. El director de tesis modela y brinda andamiajes al estudiante

(Diezmann, 2005). Promover el desarrollo implica que el director evalúe las necesidades formativas del estudiante, le enseñe métodos específicos de investigación, establezca metas claras para la relación de dirección, otorgue retroalimentación inmediata y exhaustiva sobre los trabajos escritos, entre otras actividades (Halse y Malfroy, 2010; Heath, 2002; Kandlbinder y Peseta, 2001).

La retroalimentación (información crítica de los avances de los tesistas que les brinde orientación sobre su progreso) es uno de los elementos centrales de la dirección de tesis para guiar y alentar el desarrollo del tesista. La investigadora australiana Catherine Manathunga (2005) presenta, como una de las notas principales de la dirección, un tipo de retroalimentación que siga lo que denomina el principio de "rigurosidad compasiva". Es decir, el "balance pedagógico entre compasión y rigor involucrado en la dirección de tesis efectiva: *compasión* o brindar a los estudiantes apoyo, estímulo y empatía, mientras, al mismo tiempo, otorgarles retroalimentación rigurosa sobre su desempeño" (2005: 24). La combinación de estos dos atributos es la que permitiría generar un ambiente de aprendizaje facilitador del proceso formativo del tesista, convirtiéndolo en lo que consideramos una de las prácticas principales de la dirección de tesis. La retroalimentación constante es esencial para el trabajo y bienestar de los doctorandos que se están embarcando en un periodo de intensa actividad en un solo proyecto (Kiley, 1996).

La *socialización académica* se refiere a la promoción del acceso a la cultura y comunidad académicas. El director introduce al tesista en las normas, valores y costumbres de la academia. Desde la perspectiva del aprendizaje como participación[10], esta función no es accesoria, sino central para la formación del tesista ya que implica que el director promueva su incorporación a partir de la realización de actividades auténticas (como la participación en congresos, publicación en revistas, colaboración en la presentación a subsidios) mientras adquiere mayor autonomía, control y responsabilidad para participar de manera consciente en una comunidad académica (De la Cruz Flores y otros, 2006; Martin y otros, 2006).

Por su parte, el *apoyo psicosocial* refiere al compromiso del director por brindarles el sostén necesario para generar las condiciones sociales y emocionales indispensables para su formación como investigadores y la culminación exitosa de la tesis. La etapa doctoral se encuentra atravesada por momentos de frustración, sentimientos de ambivalencia e incertidumbre, lo que hace imprescindible el apoyo y contención del director.

Finalmente, la función de *apoyo práctico* coloca al director como orientador en el contexto institucional (cómo acceder a los recursos de la universidad, cuáles son las políticas de la institución, referencia a otros académicos que pueden colaborar con su investigación), y como

---

[10] Jean Lave introduce el concepto de aprendizaje como "participación" señalando que "... la participación en la vida cotidiana puede ser concebida como un proceso de cambiante comprensión en la práctica, es decir, de aprendizaje" (2001: 18). Es a partir de la participación en las actividades y tareas de una práctica social que el miembro novel aprende. Uno de los elementos esenciales del aprendizaje como participación es que durante esta trayectoria los aprendices se involucran en actividades socialmente significativas. En otros términos, aprenden en contextos reales (no simulados) y en actividades centrales para la práctica social a la que pertenecen. Por ejemplo, en el nivel doctoral, encomendar a un alumno escribir una monografía es involucrarlo en una actividad simulada de aprendizaje. La monografía no existe ni tiene sentido como texto por fuera de la universidad. En cambio, proponerle que escriba una ponencia y se presente a un congreso es implicarlo en una actividad significativa para la academia.

proveedor de sugerencias de contactos que pueden facilitar el acceso al campo y al sostén financiero de la investigación (principalmente, en las Ciencias Naturales).

Algunas de estas funciones se corresponden con las concepciones sobre la dirección de tesis que sostienen los académicos entrevistados. Por ejemplo, el *coaching* es un modo de pensar el apoyo psicosocial. Y de este modo, es una manera de otorgarle carácter formativo a la dirección de tesis. Brindar las condiciones necesarias para generar un ambiente de aprendizaje propicio es una de las notas de cualquier actividad formativa.

Principios reguladores de la dirección de tesis

Ahora bien, ¿cómo se traducen estas funciones en la práctica de enseñanza en la dirección de tesis?, ¿qué guía la tarea cotidiana? Los directores en sus relatos reflejan que se rigen por dos principios para regular su tarea y posibilitar que la dirección de tesis se constituya en un espacio formativo. Ellos son:

a. buscar el equilibrio frente a las tensiones de la dirección;
b. encauzar el trabajo del tesista.

El primero de estos principios tiene por objeto ayudar a atravesar las tensiones inherentes a la dirección de tesis, como la que puede generar el rol activo del director entre la autonomía del tesista y sus indicaciones. Identificamos dos tipos de tensiones que atraviesan los académicos de los programas doctorales: 1. la autonomía del tesista y las indicaciones del director, 2. las expectativas del director y las del tesista —los tiempos requeridos por cada uno, el sostén emocional y el resguardo de la calidad académica del trabajo del tesista—. Los directores entrevistados negocian las tensiones de la dirección a través de la búsqueda del equilibrio constante entre dar libertad al tesista —y el seguimiento y orientación— y la formación académica y la atención a la parte humana.

1. La actitud del director de brindarle libertad al tesista para formarse progresivamente como un investigador autónomo se encuentra amenazada por el abandono (con el que se identifica a los directores ausentes) o, en el otro extremo, por un director sumamente directivo que no otorga grados de libertad suficientes al tesista, sino que le indica cada una de las tareas que debe realizar. Es decir, en el primer caso, es un balance entre darle la libertad necesaria al tesista para que pueda desarrollarse como investigador dando los primeros pasos y adquiriendo autonomía progresivamente, pero sin llegar a dejarlo carente de orientación y guía. El director está presente cuando el tesista lo necesita, brinda las actividades y oportunidades para permitirle *estudiantar*.

Ambas partes de la relación deben poder medir cuándo el tesista precisa de dicha orientación para que este equilibrio pueda lograrse. Aunque esto podría parecer responsabilidad del director, tal como mencionamos, algunos doctorandos demoran la consulta con el director por diversos motivos (vergüenza, sensación de tener la obligación de poseer avances para reunirse, imposibilidad personal de mostrarse desorientado). Estas actitudes resultan en semanas o meses de desorientación y escaso avance que podrían evitarse. Paralelamente, los directores que establecen poco intercambio con sus tesistas, difícilmente pueden identificar estos periodos en sus dirigidos, con las consecuencias que ello puede tener en el trabajo del tesista.

En el segundo caso, el equilibrio entre la libertad del tesista y dar orientaciones, el director debe regular la cantidad de indicaciones que brinda al tesista para permitirle desarrollar las actividades necesarias para el aprendizaje del quehacer de la investigación. Este equilibrio se ve afectado por el estilo de tesista. En el caso de los tesistas más dependientes, según los directores, su tarea es regular las indicaciones que les brindan para favorecer la toma de protagonismo en su propio proceso formativo en dirección a adquirir autonomía. Paralelamente, los tesistas más independientes pueden correr el riesgo de desviarse de su objeto de estudio y, por tanto, el director debe estar atento a las posibles distracciones del tesista. La búsqueda de este equilibrio se renueva en cada relación de dirección y en cada etapa de la tesis, acorde a las características y necesidades del tesista:

> A veces, ser demasiado independiente causa problemas porque se empiezan a dispersar de su tema y la dificultad ahí para el director es llevar al tesista, encarrilarlo, llevarlo a una línea coherente. Hay gente muy entusiasta, muy imaginativa, que empieza a saltar de temas y a veces tiende a no redondear ninguno. Entonces, en definitiva, eso es una mala tesis o una tesis mal terminada (Entrevista director Alejandro Reyes, Ciencias Biológicas).

2. El equilibrio entre la formación académica y la atención a la parte humana implica, por un lado, la función de apoyo psicosocial del director. Es decir, el estar atento a los estados de ánimo del investigador en formación respecto de su tesis y poder medir los momentos indicados para exigirle y criticar su trabajo y los momentos en los que es necesario estimularlo y sostenerlo afectivamente. Por otro lado, este equilibrio también hace referencia al tipo de relación que se establece entre el director y el tesista. En páginas anteriores, señalamos que esta relación genera vínculos personales, pero muchos directores llaman la atención sobre la necesidad de mantener una prudencial distancia con los tesistas sin convertirse en amigos

ni asumir un rol paternalista para poder llevar adelante adecuadamente su papel. Según algunos, tanto la amistad como el rol paternalista impedirían que el director pueda ser riguroso y crítico en los momentos en que es necesario serlo; por ejemplo, ante el incumplimiento de los tiempos establecidos por las instituciones otorgantes de la beca estipendio (CONICET, ANPCYT o la universidad) o del programa doctoral.

El segundo principio que guía la tarea de los directores de encauzar el trabajo del tesista se materializa cuando el director dice "Hasta aquí se llegó" y le señala que no debe continuar con determinada línea de trabajo o que se ha desviado de su pregunta de investigación, del foco que guía su trabajo. Por ejemplo, en Ciencias Biológicas, cuando un tesista está trabajando en la "puesta a punto"[11] de un experimento, incluso luego de varios meses, puede no arrojar resultados válidos; allí el director pone el límite y aconseja continuar otra línea experimental. La dificultad con este límite reside en poder responder a la pregunta: ¿cuándo se intentó lo suficiente? Los directores y tesistas señalaron que es muy difícil saber cuándo abandonar una línea experimental porque a veces, luego de varios meses, se obtiene éxito.

> Por supuesto que está en uno como tutor saber hasta cuándo uno puede seguir con un proyecto que no sale, pero uno tiene que poder atravesar eso; porque en algún momento si no, hay muchas cosas que dejarías de hacer porque un experimento no sale. (Entrevista directora Laura Zamora, Ciencias Biológicas).

En Ciencias Sociales, el límite se pone generalmente a la actividad de lectura. Los directores incentivan a los tesistas a pasar de consumidores a productores de

---

[11] Lograr que tenga validez. Ajustar todos los elementos del experimento de modo que arroje resultados válidos.

conocimiento, en términos de Lovitts (2005), que pongan coto a la lectura de referentes teóricos para pasar al análisis e interpretación de los datos que relevaron.

> Uno que se perdió, este se perdió, en un momento se perdió. Entonces el laburo es encarrilarlo. Decirle: "Mirá, basta ya. Yo leí la semana pasada el capítulo 4, ya está, hasta ahí, hay que pasar al que sigue". Ese tipo de toques, así. (Entrevista director Paolo Mangani, Ciencias Sociales).

Finalmente, en ambos programas, todos los directores que entrevistamos ponen el límite a la redacción de la tesis. Es el director quien determina cuándo se culmina la tesis y aprueba su entrega poniéndole el punto final. Asimismo, el director puede fijar el límite a las exploraciones teóricas, de experimentos o de otras actividades del trabajo de campo que realiza el tesista, pero que lo distancian de su pregunta de investigación o del foco de su tesis. En este sentido, el director encauza la investigación del tesista.

Tensiones en la dirección de tesis y el fantasma del abandono

No todo es color de rosa en la dirección de tesis. Si bien en nuestra investigación nos propusimos analizar las prácticas de enseñanza y aprendizaje y, por tanto, nos focalizamos en parejas que lograron el objetivo de culminación de la tesis doctoral por parte del tesista, ello no implica la inexistencia de tensiones a lo largo del proceso. Como cualquier relación humana, la relación director-tesista se encuentra atravesada por situaciones problemáticas y tensiones.

Una primera situación de tensión se presenta cuando director y tesista no coinciden en la mirada teórica y metodológica sobre el problema de investigación. Esta es una tensión mucho más presente en las Ciencias Sociales. Si bien en los casos que entrevistamos no impidió la culminación de la tesis, fue señalado por los tesistas como uno de los puntos de discusión con el director. Del lado de los directores (cuando se involucran en el proceso de investigación del tesista), esto genera malestar al observar que el tesista no ha tomado en cuenta las observaciones y comentarios que se le han hecho. Un tipo de tensión similar ocurre en Ciencias Biológicas. Por ejemplo, respecto de la puesta a punto de los experimentos, algunos tesistas manifestaron tener que seguir intentando sobre una línea experimental que ellos veían que no funcionaba, pero el director les impedía abandonar. Del lado de los directores, esto se piensa como periodos de prueba, que encuentran su justificación en la experiencia, en el conocimiento de la necesidad de contar con los datos suficientes para tomar una decisión. La perseverancia en el intento provoca frustración y saturación en el tesista, que deriva en tensiones y rispideces en la relación con su director de tesis. El caso de Ismael nos muestra un tipo de resolución (poco común) de este tipo de tensiones pero, además, la envergadura que puede tener la falta de resultados en una línea de investigación:

> Porque yo arranqué mi doctorado con un tema medio impuesto por Ernesto, que le interesaba con otro tipo, y yo en paralelo con una idea propia que quería hacer. Sobre todo porque estaba convencido de que lo otro no iba a funcionar, por lo que había aprendido antes durante mi tesis de licenciatura. Y nada, medio que me presentaron a beca con ese tema, estaba bastante limitado en qué cosas podía elegir y no. Así que... a mí me gusta medio trabajar a la japonesa y empecé dos tesis, la oficial y la que me interesaba a mí en paralelo. Eh... nada, el doble de tiempo todo. El tema es que yo estaba convencido de que el otro era para el fracaso y tampoco me convenía a mí. Así que, a los dos años de doctorado, cuando se volvió evidente que mi tesis, la oficial, no iba ni para atrás ni para adelante... no porque no le había puesto empeño, sino porque era medio un callejón sin salida lo que quería hacer, saqué de la galera todos mis resultados de las

otras cosas, pedí cambio de tema a CONICET y seguí por ese lado, digamos. (Entrevista tesista graduado Ismael Sera, Ciencias Biológicas).

Otro tipo de tensión ocurre entre los requerimientos del tesista y la virtual ausencia del director. La sensación (y situación) de ausencia del director no es privativa de Ciencias Sociales como podría pensarse. Aunque en Ciencias Biológicas director y tesista comparten el mismo espacio, eso no implica la presencia real del director en los momentos en los que el tesista lo necesita. Por ejemplo, algunos de los directores manifestaron haber recibido tesistas que decidieron cambiar de director porque el otro estaba prácticamente ausente. Asimismo, a pesar de concentrarnos en parejas exitosas, en algún caso el tesista manifestó sentir la ausencia del director en momentos críticos de la tesis como en la revisión de los borradores finales. Quisiéramos detenernos por un momento en este tema. Como bien dijimos, el tesista *siente* la ausencia del director por la falta de comentarios. Ahora bien, ¿es esto verdaderamente una ausencia? No nos interesa aquí juzgar si lo es o no lo es. Lo importante es dar cuenta de las tensiones que atraviesan la relación entre director y tesista, y esta es una de ellas.

Esta tensión no es solo una cuestión de presencia-ausencia. Generalmente, la poca disponibilidad del director se observa tanto en los tiempos de respuesta a los requerimientos del tesista como en la falta de orientación en alguna dimensión del quehacer de la investigación. Los tesistas que manifestaron la ausencia o escasez de orientación del director en alguna dimensión de su tarea como becarios señalaron la necesidad de recurrir a otras personas o estrategias para suplir esa ausencia. Como contrapartida, algunos directores manifestaron tener la sensación de hallarse "perseguidos por los tesistas para que los lean". Cuando este tipo de tensión no es un problema en la relación, los tesistas destacan como cualidad de su director la rápida respuesta a sus requerimientos, la lectura atenta y, sobre todo, nunca haber perdido una fecha límite por falta de respuesta del director.

En tercer lugar, las incompatibilidades entre la personalidad de ambos miembros de la relación también son un foco de posible tensión[12]. Muchos de los directores de Ciencias Biológicas hicieron referencia a la importancia de poder establecer una buena relación humana con el tesista. En casi todos estos casos, habían tenido experiencias en las que la relación había resultado problemática y dificultado el desarrollo de la tesis y, en algún caso, derivado en el abandono por parte del tesista. Además, algunos directores señalaron que ciertos periodos de la tesis, sobre todo el de la escritura final, son en sí mismos tensos y difíciles y, si la relación no es buena, en dicho periodo empeora. La relevancia de la buena relación humana parece ser mayor en Ciencias Biológicas que en Ciencias Sociales. Esto, sin lugar a dudas, se debe a la cotidianeidad de la relación, en el primer caso; y a la poca frecuencia de encuentros, en el segundo.

Otro tipo de tensión en la dirección de tesis se refiere a los sentimientos que tienen los directores respecto de su tarea de dirección. Es decir, su agrado o desagrado con la tarea, y el sentido que le encuentran en el desarrollo de su carrera académica. En Ciencias Sociales, unos pocos directores consideran a la dirección de tesis como un requisito impuesto por el sistema científico, una actividad necesaria para continuar en la academia. O sea, en la medida en que

---

[12] No debemos olvidar que la relación entre director y tesista tiene una duración mínima de cinco años, especialmente en las parejas que entrevistamos, que contaron con una beca de estipendio para ese periodo de tiempo (aunque en algunos casos se prolongó por más tiempo, ya sea por haber comenzado a trabajar juntos con anterioridad o por la demora del tesista en finalizar su tesis).

tengan tesis dirigidas, es que pueden avanzar en su carrera y por eso se embarcan en la actividad. Desde esta perspectiva, se señala que la dirección de tesis es una actividad de gran demanda que se añade a las ya numerosas actividades propias de un miembro activo del sistema científico nacional. Esto genera disconformidad con la tarea de dirección —ya que distrae de las otras actividades y responsabilidades que los directores tienen como investigadores— y la inclinación a realizarla básicamente por ser una exigencia del sistema científico. A resultados similares arribó Halse (2011) para el contexto australiano, lo que estaría hablando de un fenómeno más extenso que la del contexto académico argentino. Pero, al mismo tiempo, estos directores reconocen la necesidad de académicos que formen a las nuevas generaciones de científicos. El siguiente fragmento de entrevista ejemplifica esta posición:

> Pero bueno, y esto es una tarea muy insalubre... Por momentos, te diría que yo no dirigiría a nadie más... Pero si el CONICET me exige, y sé que para pasar a otra categoría, tengo que tener tesistas que se gradúen y que terminen... Yo no dirigiría, porque lleva muchísimo tiempo leer, reuniones, discusiones, algunos sinsabores, que los he tenido bastante importantes, otros también los han tenido. Y es una tarea que yo reconozco como necesaria, porque tiene que ver con la transmisión del saber investigar. Y bueno, así como uno tuvo maestros o gente que le enseñó, la gente más joven necesita gente que le enseñe o que le aporte o que le ayude. Y bueno, sé que es necesario, pero a la vez es una tarea que no es reconocida demasiado, que lleva mucho esfuerzo, mucho tiempo y que tiene estos momentos no demasiado gratos. (Entrevista director Facundo Cafferatta, Ciencias Sociales).

Entonces, la tensión se encuentra entre pensar la dirección como una actividad que distrae de las principales tareas que tienen como investigadores y, al mismo tiempo, reconocer la necesidad de formar a las nuevas generaciones de investigadores. Los directores que manifestaron este tipo de tensión son de Ciencias Sociales y, entre ellos, los que definen su rol como lectores especiales del trabajo del tesista. Están presentes solo cuando el tesista se los solicita e, incluso, sus tesistas manifestaron sentir su ausencia por momentos. Aunque no sea una ausencia dada por la falta de respuesta (cuestión que ha sido bien aclarada por sus tesistas), sino más bien por la expresión de la falta de tiempo para dedicarse a la dirección y por tanto los tesistas evitan "molestarlos", aun cuando necesitan su asesoramiento.

El hecho de que sean solo directores de Ciencias Sociales, podría estar señalando que en Ciencias Biológicas también existe una necesidad por parte del director de contar con tesistas. Las líneas de investigación que sostiene requieren de personas que puedan desarrollarlas; en la medida en que hay tesistas, puede llevar adelante más líneas de investigación en su laboratorio. Es decir, se establece una relación de necesidad mutua entre director y tesista.

En ocasiones, las tensiones señaladas podrían no resolverse y derivar en el abandono del doctorado por parte del tesista. La mayoría de los directores hicieron referencia a casos de deserción. Si bien cada uno de los directores entrevistados cuenta con menos de tres casos de abandono y estos se deben a causas particulares (decisión de no continuar con la vida académica, problemas personales, características de la personalidad, etc.), el fantasma del abandono está siempre presente, sobre todo en Ciencias Sociales. Los directores manifestaron en reiteradas ocasiones que uno de sus principales desafíos es que el tesista no abandone y han caracterizado al proceso de realización de la tesis como imprevisible. O sea, no es posible saber si se llegará al final del camino o no. Es un periodo de tiempo durante el cual pueden suceder infinidad de situaciones: desde problemas vocacionales, dificultades que son percibidas como insalvables, desencantamiento con el objeto de estudio o con la vida académica hasta problemas personales que atraviesan de tal modo al tesista que lo llevan al abandono. En algún caso, nos contaron estrategias específicas que han desarrollado para intentar sostener a tesistas que estaban cercanos a dejar el doctorado:

> Hubo una persona que no terminó. Jamás pudo escribir una tesis... Era una persona de una dispersión catastrófica, que yo quería mucho como persona, pero lo que yo no estaba dispuesta era a escribir la tesis por ella. Esa era justamente la enseñanza que había... Era tal el despelote que tenía en su forma de manejarse, que yo... Hicimos muchísimas estrategias. La tesina, por ejemplo, la escribió, pero yo le pedí a otro miembro que me ayudara; o sea, que no fuera yo la que le criticaba como adulto, sino que hubiera un par que le criticaba también, y así logramos escribir la tesina. Y para el doctorado, esa misma persona no llegó porque, digamos, lo mismo que le puede pasar a cualquier persona en cualquier sistema, que el caos personal te puede. (Entrevista Laura Zamora, Directora Ciencias Biológicas).

Este es un caso en el cual el factor era académico y, por tanto, el director tenía herramientas para sostener al tesista. En otros casos, las dificultades son de otro orden (económicas, familiares, vocacionales) y son escasas las herramientas a las que el director podría acudir.

El abandono de los tesistas tiene otra dimensión para los directores. El CONICET otorga las becas de estipendio pensando en una dupla director-tesista (los antecedentes de ambos obtienen puntaje en las convocatorias a becas). Entonces, un tesista que abandona no implica solamente el tiempo perdido en el seguimiento de una tesis que luego no se terminará (y que además no contará como antecedente de formación de recursos humanos para el sistema científico nacional), sino que también significa un caso de fracaso en la formación de recursos humanos para el sistema científico.

3

La práctica de la dirección de tesis

La dirección de tesis no solo es el principal dispositivo pedagógico propuesto por los programas doctorales, sino también es uno de los mecanismos que utiliza la academia para favorecer o impedir el ingreso de nuevos miembros. ¿Qué queremos decir con esto? Una de las primeras barreras que todo aspirante a doctor debe sortear es que un académico acepte dirigir su tesis. Sin el aval de un director, no puede comenzarse el proceso de tesis que culminaría con la obtención del título.

Además, no queda claro cómo se organizan: ¿qué se hace?, ¿cada cuánto?, ¿todos los directores lo hacen del mismo modo?, ¿hay un solo modelo de dirección que debe ser seguido por todos? Este tipo de preguntas son las que intentaremos resolver en este capítulo.

Comienzo y organización de la relación de dirección. Criterios de elección de los tesistas y los directores

Criterios de selección

Cada grupo disciplinar le imprime modalidades propias al modo en que director y tesista escogen trabajar con el otro e iniciar la relación; modalidades que no se encuentran necesariamente sistematizadas. A continuación, analizaremos los criterios y mecanismos a partir de los cuales cada parte de la relación selecciona a la otra.

Los pocos estudios realizados que indagan sobre las características tomadas en cuenta por los tesistas al momento de elegir al director de tesis señalan como los rasgos más buscados: el compromiso e involucramiento en la investigación y el apoyo que el director brinde al proyecto ante críticas externas (Subhajoti, 2007); la experiencia investigativa y el aporte de ideas (Rosas y otros, 2006); su reputación como investigador, docente y director; la compatibilidad intelectual (alineación de los intereses intelectuales y metodológicos entre director y tesista), y los beneficios pragmáticos, por ejemplo, un ambiente de trabajo favorable y apoyo financiero (Zhao y otros, 2007).

En el contexto de nuestra investigación, en los dos programas estudiados, el principal criterio que emplea cada parte de la relación director-tesista para elegirse es el interés por el tema de investigación. De hecho, para los tesistas es prácticamente el único criterio de selección. En algunos casos de Ciencias Biológicas, además se agrega que conocieran de antemano que se trata un laboratorio "con buenos subsidios". Es decir, con altas probabilidades de financiamiento de su investigación.

Esta falta de criterios alternativos puede deberse a la ausencia de información a la que se enfrentan los tesistas al momento de elegir un director. En primer lugar, al comenzar el doctorado (que cada vez con mayor frecuencia ocurre poco después de haber terminado la carrera de grado), no se sabe demasiado sobre la tarea en la que uno se va a embarcar. Se desconoce qué implica el quehacer cotidiano de cursar un doctorado y cuáles son las cualidades que uno debiera tener en cuenta en un director. Del mismo modo, no es fácil acceder a información sobre el director en su rol de tal. Se puede acceder a su *curriculum vitae*, a sus publicaciones, pero difícilmente a sus cualidades como formador y su personalidad, el grado de compromiso e involucramiento en la investigación, el aporte de ideas, los beneficios pragmáticos y, solo parcialmente, se puede conocer la compatibilidad intelectual (si se han leído publicaciones suyas).

> Con el director quedas siempre a merced y nunca sabés en lo que te estás metiendo y, de repente, firmaste un contrato de 5 años; y conozco muchas historias muy terribles de directores, pero... En general, es medio a ciegas. A menos que hayas hecho la licenciatura en el mismo laboratorio, y también medio que no conoces otro y sos chiquito y no se te ocurre y tampoco ves mucho las cosas como son, y te mandaste... (Entrevista tesista ya graduada, Sonia Menéndez, Ciencias Biológicas).

Como dice Sonia, estos inconvenientes desaparecen cuando existe una relación previa entre el director y el tesista, ya sea por la dirección previa de la tesis de licenciatura o maestría (en el caso de Ciencias Sociales), por formar parte de la misma cátedra o por pertenecer al mismo equipo de investigación. Esta relación previa es mucho más frecuente en Ciencias Biológicas que en Ciencias Sociales, dado que en esta disciplina los tesistas suelen ingresar al laboratorio durante la carrera de grado.

Por su parte, los directores también ponderan en primer lugar el interés temático como criterio para la elección de tesistas. En Ciencias Biológicas, si bien la propuesta viene del director, este necesita percibir interés del tesista en la temática para tomarlo bajo su dirección. En Ciencias Sociales, donde la propuesta es del tesista, los directores toman como uno de sus criterios el vínculo del tema propuesto con su propia línea de investigación o la atracción por este, aunque no es un criterio excluyente.

Un segundo criterio, de gran importancia para tesistas y directores, es la percepción de la posibilidad de establecer una buena relación de trabajo entre ambos. En tercer lugar, los directores necesitan percibir pasión por la ciencia y perseverancia en el tesista. Estos dos criterios son más importantes que la capacidad intelectual que pueda demostrar el tesista. La mayoría de los directores consideran que dicha capacidad (generalmente inferida a partir del promedio de calificaciones durante la carrera de grado) es secundaria a la perseverancia, la capacidad de trabajo en equipo y la pasión por la ciencia, consideradas de mayor importancia a la hora de embarcarse en una tesis doctoral.

Para los directores, estos serían los elementos "predictores" de culminación de la investigación y de tener una buena relación de trabajo entre ambos. Como ya mencionamos, tomando las ideas de Lovitts (2005), la producción de la tesis guarda diferencias sustantivas con la de la cursada. Por ello, el promedio de calificaciones no sería un indicador adecuado para estimar las posibilidades de completar la tesis, ya que en la relación director-tesista se ponen en juego otras cuestiones, como la necesidad de trabajo intenso y sostenido en el tiempo, por lo que las cualidades personales son importantes.

Si bien los criterios de elección son comunes, los mecanismos para iniciar la relación en uno y otro grupo disciplinar no lo son. En Ciencias Biológicas, los alumnos del grado se acercan a un laboratorio movidos por la "presión social" (que se siente en los últimos años de la carrera) de comenzar a formar parte de un equipo de investigación y, generalmente, permanecen en él para el doctorado.

> En la mayoría de los casos es alguien [el futuro tesista] que se acerca al laboratorio y dice: "Me interesa lo que ustedes están haciendo, me interesaría esto", y se empieza a trabajar. Generalmente, eso ocurre para la tesis de licenciatura, que es una especie de noviazgo académico, ¿no? Uno ve que trabaja bien, y luego eso se formaliza con la presentación a una beca CONICET. O sea, una tesis de licenciatura que normalmente dura un año; uno ahí ya se dio cuenta, tanto el tesista como el director,

si hay compatibilidad, digamos. Si el tesista está satisfecho con el director y si el director está satisfecho con el tesista, eso se formaliza con un pedido de beca a CONICET que ya implica un compromiso a 5 años. (Entrevista director Javier Rodríguez, Ciencias Biológicas).

Este periodo predoctoral en el laboratorio puede pensarse, como lo dice Javier Rodríguez, como un "noviazgo académico" durante el cual ambas partes de la relación tienen la oportunidad de conocer el modo de trabajo del otro. Otro mecanismo de comienzo de la relación es la publicación (en carteleras de la facultad, por ejemplo) por parte del director de solicitudes de becarios para proyectos financiados por UBA, ANPCyT u otros que exigen la asociación a una beca doctoral. En estos casos, las primeras interacciones son comparables al proceso de ingreso en cualquier trabajo: una serie de entrevistas, pedido de referencias a otros investigadores, y una decisión final en base al postulante que presenta las mejores cualificaciones.

Por otro lado, en Ciencias Sociales, generalmente los directores conocen a sus futuros tesistas como alumnos de la licenciatura o maestría; o sea, han cursado alguna materia con ellos. En el mejor de los casos, esto da lugar a que el futuro tesista comience a participar en el equipo de investigación del director, originando un periodo de "noviazgo académico". Pero, comúnmente previo al inicio de la relación, director y tesista solo comparten un breve periodo de tiempo durante el cual ambos pueden conocer los intereses de investigación y las cualidades académicas del otro. Es un conocimiento parcial y no referido directamente a la actividad en la que se están embarcando. Finalmente, en algunas ocasiones, director y tesista no se conocen previamente. En estos casos, los directores desarrollan algunas estrategias con las que intentan compensar esta falta de conocimiento: solicitar una pequeña propuesta de tesis de dos o tres páginas o una serie de encuentros para discutir las ideas que cada uno sostiene respecto del proyecto de investigación. Así se logra un conocimiento preliminar de la personalidad, intereses y competencias del tesista.

La ausencia de un periodo de conocimiento previo al inicio de la tesis doctoral suele caracterizar el inicio de la relación con un menor involucramiento del director hasta que se ha establecido un conocimiento mutuo. El periodo de prueba del tesista se extiende durante los primeros meses de la tesis. La escasa familiaridad entre ambos repercute en la primera tarea que enfrentan en conjunto el director y el tesista: la definición del objeto de estudio de la tesis y la redacción del proyecto de investigación (el cual generalmente corresponde al de la presentación a una beca de estipendio) que queda en manos casi exclusivas del tesista. Este proyecto muchas veces es la puerta de acceso del tesista al director y, luego, se termina de desarrollar durante esos primeros meses de prueba.

Algunos autores (Difabio, 2011; Eshtiaghi y Warren-Myers, 2011) también destacaron la importancia de este primer encuentro de dirección, en el cual se deberían evaluar las motivaciones del tesista, ponderar el grado de conocimiento teórico respecto del tema de su investigación, sus habilidades técnicas, sus competencias de escritura académica y, a partir de allí, planificar el proceso de dirección y acordar las metas de manera conjunta.

En síntesis, y como expresó uno de los entrevistados, en Ciencias Sociales, dichos mecanismos son "puramente personales, intuitivos y voluntarios" (entrevista al director Piero Abbiosi, Ciencias Sociales) y, en algunos casos, no totalmente explícitos (por lo menos no hasta el momento en que alguien les pregunta específicamente por ellos). Paralelamente, en Ciencias Biológicas existe un grado mayor de sistematicidad que, probablemente, sea consecuencia de la mayor antigüedad del doctorado, combinado con la localización de varios laboratorios en el mismo edificio de la facultad generando una cultura institucional en la que estos se nutren de los alumnos que inician el doctorado.

La organización cotidiana de la tarea

El encuentro cara a cara entre director y tesista es uno de los componentes principales de la dirección. La alta frecuencia de encuentros es uno de los factores que contribuye a la calidad del proceso y a la culminación exitosa del doctorado (Heath, 2002). En esta línea, Abbidin y West (2007), basados en que la buena comunicación es esencial, proponen un esquema de encuentro efectivo entre director y tesista en el que son esenciales el registro de la reunión, la existencia de una agenda de la reunión preestablecida por el tesista y la retroalimentación del director sobre el trabajo escrito o las preguntas planteadas.

En cada uno de los programas doctorales, y en buena medida también en cada relación, la organización de la tarea cotidiana cobra características diferentes. En Ciencias Biológicas, la actividad se basa en el intercambio cotidiano en el laboratorio. Esta cotidianidad permite que el tesista pueda acudir a su director para resolver dudas prácticamente en el momento, y paralelamente, el director pueda monitorear el trabajo del tesista de modo constante. A este intercambio cotidiano se le suman, según nuestros entrevistados, las reuniones pactadas entre ambos para discutir los avances en la tesis, con una frecuencia desde semanal hasta mensual. Por su parte, en Ciencias Sociales, al ser poco frecuente el encuentro cotidiano en un lugar de trabajo institucional, la tarea se organiza a partir de reuniones presenciales y de intercambios virtuales. Las reuniones tienen una frecuencia entre quincenal y hasta tres veces a lo largo de toda la tesis. Cuando el director ha formado un equipo de investigación, la frecuencia de encuentros entre ambos es más alta (desde semanal hasta mensual), aunque los encuentros destinados específicamente a discutir los avances en la tesis sean esporádicos. Los intercambios virtuales (por correo electrónico principalmente) son más frecuentes y generalmente se originan a la demanda del tesista.

Ahora bien, ¿cuándo se reúnen director y tesista? ¿Es constante la frecuencia a lo largo del proceso de tesis? Los momentos de mayor intercambio entre ambos varían según el grupo disciplinar y el momento de la tesis. En Ciencias Biológicas, cobra mayor relevancia el diseño de los experimentos y el análisis de los resultados parciales dado que el trabajo experimental y su sistematización y registro es esencial en el avance de los conocimientos en estas disciplinas[13]. En Ciencias Sociales, el mayor número de encuentros tiene lugar al inicio (definición del objeto de estudio a cargo del tesista, quien necesita orientación en la identificación de los antecedentes significativos y las preguntas relevantes para el área, que exigen gran conocimiento del estado de la cuestión) y en los últimos meses de escritura de la tesis. Durante el trabajo de campo, el director rara vez interviene o es consultado. Por último, otro periodo de alta frecuencia de reuniones es el de la escritura de la tesis, dado que es una etapa tensionante para los tesistas de ambos programas, en la que se concreta todo el trabajo realizado en los últimos años. En definitiva, director y tesista se reúnen en los momentos en los que el tesista más requiere de apoyo y orientación.

---

[13] La realización correcta de los experimentos es uno de los principales desafíos que enfrentan los investigadores en formación en esta disciplina. La "puesta a punto" del experimento es un proceso que puede llevar varios meses, y la orientación y guía del director es imprescindible.

Estilos de dirección

Así como influyen en los modos en que director y tesista comienzan su relación pedagógica, las propiedades que se derivan del grupo disciplinar al que pertenecen también promueven distintos estilos de dirección (Kam, 1997), al conformar ambientes de aprendizaje diferenciales. Además de ellos, cada director le imprime características particulares a la relación que establece con sus tesistas.

Cada director de tesis asume un estilo de dirección de acuerdo a los objetivos que define para su tarea, las funciones que entiende como propias de la actividad y el modo en que establece su relación con los tesistas. Generalmente, en la literatura se hace referencia a los estilos extremos: el director "sobreprotector" y el director ausente o indiferente (Farji-Brener, 2007; Mainhard, Rijst y Tartwijk, 2009). Es preciso tener en cuenta que estas clasificaciones se basan en la dicotomía excesiva presencia o ausencia. En el primer caso, es el director el que toma todas las decisiones importantes respecto de la investigación y el tesista se convierte en un ejecutor, adquiriendo las habilidades propias de un técnico más que de un investigador independiente. El segundo caso estaría representando la pedagogía de la indiferencia, en la cual el director de tesis se encuentra virtualmente ausente, mientras el tesista experimenta una sensación de aislamiento para enfrentar los desafíos que le presenta la tesis. En ambos casos, difícilmente podría hablarse de la dirección de tesis como una práctica formativa al socavar las oportunidades de aprendizaje de sus alumnos.

Por fuera de esta mirada dicotómica, queda identificar qué otros estilos puede asumir el director que contemplen la tarea como una actividad de enseñanza. ¿Qué ocurre cuando los directores de tesis varían el grado de involucramiento y compromiso en el proceso formativo del tesista? ¿Cómo se traduce ello en las actividades que realizan y en las oportunidades de aprendizaje que brindan?

Los objetivos diversos que el director persigue y cómo establece su relación con los tesistas pueden dar lugar a distintos estilos de dirección. Así, "... los principios que regulan la relación entre director y tesista, sean estos intencionales o no, implícitos o explícitos" (Boehe, 2014: 2), establecen los estilos de dirección que se siguen. No debemos olvidarnos que la dirección de tesis consiste en el encuentro de dos personas con objetivos y requerimientos distintos para la misma relación. Es el vínculo pedagógico que se forma entre los dos lo que define el estilo de dirección.

En nuestro estudio, identificamos tres estilos de dirección: directiva, orientadora y acompañante. Es preciso aclarar que estos tres estilos se mantienen tanto en el plano de las concepciones como de las prácticas, aunque no siempre los directores son consecuentes en su actuar con la concepción de dirección de tesis que plantean, o sus tesistas no los identificarían con el estilo que ellos proponen.

El estilo directivo

El estilo directivo le otorga gran importancia al director en el proceso formativo del tesista y lo entiende como una tarea de enseñanza. Estos directores, exclusivos de Ciencias Biológicas, entienden la enseñanza en un sentido más próximo a la instrucción, indicando qué es lo que debe hacer el tesista ante distintas situaciones o tareas. Sin llegar a convertirse en "jefes" de los doctorandos, suelen concebirlos como estudiantes dependientes que requieren de indicaciones precisas.

Normalmente, yo trato de ir a todas las campañas junto con los tesistas. Pero una vez que ya tienen el conocimiento de cómo es la campaña... Por ejemplo, de la línea de [mención del tema de investigación] yo fui a todas las campañas. Ahora, es la primera vez que se hace que uno de los chicos que está haciendo la tesis conmigo va a ir con otro chico, van a ir ellos dos solos. Es la primera vez. Pero porque ya fuimos varias veces todos juntos, digamos, y ya conocen cómo es y todo. Yo ahora no puedo. Pero normalmente yo trato de ir a las campañas, sobre todo las primeras veces trato de ir porque es importante, hay cosas que se resuelven... Siempre hay imprevistos cuando vas de campaña. Qué sé yo, que un lugar donde pensabas muestrear no es accesible o que de pronto se te estropeó una muestra... (Entrevista directora Julieta Jáuregui, Ciencias Biológicas).

Como en el caso de Julieta, son directores que asumen el protagonismo junto con el tesista, realizan los primeros experimentos a la par de él o ella mostrándole siempre cómo deben hacerse (en los otros estilos de dirección esta actividad suele ser delegada a otro miembro del laboratorio), reescribiendo partes de las tesis y señalándoles lo que querían que los tesistas lograsen, etc. Este protagonismo se asume, en gran medida, con una definición del tesista como un alumno dependiente que no cuenta con los recursos necesarios para hacer frente autónomamente a la tarea de la tesis al inicio del doctorado.

Una de las estrategias de trabajo características de estos directores durante los primeros meses del doctorado es brindar un primer *corpus* de lectura, incluso suelen transmitir una estrategia de búsqueda y actualización de la bibliografía. Con esta práctica, los directores colaboran en acortar la distancia entre el periodo de cursada y el de tesis al poner coto al universo de posibilidades para iniciar la búsqueda bibliográfica. A su vez, el acortamiento de esta distancia colabora con las posibilidades de graduación de los tesistas.

Otra actividad característica de estos directores es el análisis conjunto con los tesistas de los resultados de la investigación. Esta práctica le brinda herramientas al tesista para luego continuar el análisis de manera autónoma. Aquí el director pone en juego como estrategia didáctica a la modelización[14]. Es decir, actúa el análisis de los datos de modo que el tesista pueda observar cómo se realiza y resolver sus dudas e interrogantes.

Estos directores también orientan en el diseño de la estrategia y de los instrumentos de recolección de datos. Específicamente durante el primer periodo (de la tesis o del laboratorio), la mayoría de los directores se embarca en el diseño de los primeros experimentos y técnicas de recolección de datos, en la graduación de la dificultad de los experimentos que encara el tesista, yendo de los más sencillos a los más complejos, y en su realización.

Obviamente, estos directores están presentes en las distintas dimensiones implicadas en el proceso doctoral y brindan apoyo y sostén a sus tesistas durante la realización de la tesis. Por ejemplo, ante situaciones de bloqueo, les proponen a los tesistas reunirse y trabajar de forma conjunta (por ejemplo, comenzar juntos el análisis de los datos, diseñar nuevos experimentos, etc.).

El estilo orientador

La dirección orientadora considera que la tarea del director es guiar al tesista reconociendo su protagonismo en el desarrollo de la tesis y en su proceso de aprendizaje. Estos directores, de ambos programas, consideran que su

---

[14] Según Hasrati, la modelización la ponen en juego quienes enseñan para "... hacer explícito su conocimiento tácito, '*coach*' para [apoyar] a los estudiantes a hacer las tareas y, por último, 'desaparecen' cuando los estudiantes pueden continuar de manera independiente." (2005: 558).

rol de orientadores no los vuelve prescindibles, sino más bien facilitadores de la tarea del investigador en formación. Aquí, el director se posiciona en un segundo plano y busca brindarle al tesista las herramientas para *estudiantar*[15]. Así, para el director Roberto Ledesma:

> Dirigir la tesis es una tarea docente, es una tarea docente que implica discutir los experimentos, discutir sus interpretaciones, aconsejar sobre la conveniencia de seguir tal o cual camino, dejar que el doctorando vea por su propia experiencia si la recomendación que se le había hecho tenía sentido o no, aceptar las opiniones adversas del doctorando respecto de las recomendaciones que uno da. En fin, es una cosa dialéctica en la cual van creciendo juntos el director y el dirigido. Entonces, yo defiendo ese rol propedéutico, ese rol docente de una tesis doctoral donde el director acompaña, guía, orienta, encamina, pone ciertos límites, dice: "No, me parece que eso no". Pero no es un jefe. (Entrevista director Roberto Ledesma, Ciencias Biológicas).

Los directores orientadores, en concordancia con lo manifestado por Johnson y otros (2000), reconocerían que el tesista no es totalmente autónomo en cuanto al desarrollo de su tesis pero, al mismo tiempo, que es un adulto joven con un incipiente recorrido dentro de su disciplina. Estos son los directores que con mayor frecuencia describen al doctorado como un trayecto hacia mayores niveles de autonomía como investigador. Considerar que existe esta tensión entre depender del director y ya contar con cierto recorrido en la disciplina es lo que les permite posicionarse en el rol de directores orientadores. Es decir, responden al tipo de estudiante que identifican frente a ellos: investigadores en formación que tienen parte de los conocimientos y de las competencias necesarias para

---

[15] Fenstermacher (1989) utiliza este término para referirse a las actividades que realiza un estudiante para aprender.

llevar adelante una investigación y la capacidad para desarrollar lo que aún les falta a partir de la orientación que ellos puedan brindarles.

Esta concepción del tesista se traduce en las prácticas de enseñanza que ponen en juego en su tarea. Al igual que sus pares del estilo directivo, recomiendan bibliografía a sus tesistas al inicio de la tesis, pero más bien en calidad de sugerencia. Además, cuando son consultados, orientan en el diseño de la estrategia y de los instrumentos de recolección de datos. La mayoría de ellos se reúnen con sus tesistas para discutir los instrumentos de recolección de datos y/o los protocolos de experimentos. Están presentes cuando sus tesistas los necesitan. Por ejemplo, si observan que el tesista tiene dificultades para hacer el análisis de los datos de forma autónoma, realizan la primera parte junto con ellos. Específicamente en Ciencias Biológicas, los directores gradúan la dificultad de los experimentos que encara el tesista yendo de los más sencillos a los más complejos y supervisan su realización. La diferencia central con los directores directivos es que estos últimos se involucran también en la realización de los experimentos mientras los directores orientadores suelen delegar la modelización de la ejecución del experimento a un doctorando más avanzado o a un posdoctorando. En Ciencias Sociales, este tipo de acompañamiento implica una frecuencia regular de intercambio y reuniones.

Asimismo, están atentos a la afectividad de sus tesistas. Por ejemplo, ante las situaciones de bloqueo, pueden sugerirles que dejen la actividad que les presenta dificultades y comiencen otra, como puede ser interrumpir temporariamente la escritura de un capítulo para comenzar el siguiente. Esto, según los directores, permite descentrar el foco de atención, renovar aires y en otro momento volver a encarar el problema con nuevas fuerzas. También pueden proponer actividades concretas (líneas históricas, entramado de actores, modificaciones concretas en un experimento, etc.) permitiendo que la tarea sea más acotada y, por lo tanto, realizable y menos amenazadora. O, finalmente, enviarles modelos del producto que deben realizar (artículo, matriz de datos, proyecto de investigación) para que puedan identificar características, "bajar a tierra" la tarea. Finalmente, algunos directores optan por las reuniones individuales.

Para los tesistas de una dirección orientadora, esta relación pedagógica se constituye en un espacio donde pueden: evacuar sus dudas (luego de haber agotado instancias previas, como veremos en los próximos capítulos), discutir los resultados obtenidos, encontrar apoyo en momentos de angustia y resolver cuestiones prácticas como el acceso al campo o a insumos.

El estilo acompañante

Es el estilo en que el director se encuentra menos implicado en el proceso formativo del tesista. Los directores que entrevistamos que practican este estilo, ligeramente más frecuentes en Ciencias Sociales que en Ciencias Biológicas, se consideran lectores especiales de la tesis que dan las herramientas necesarias para la continuación del trabajo del tesista, pero solamente cuando se las solicitan. Estos directores sostienen que la responsabilidad absoluta es del investigador en formación, las ideas y argumentos expresados son de los tesistas y el director no tiene parte en ellos. En su carácter de lectores críticos de la tesis, estos directores evalúan si cumple los requisitos básicos de una investigación científica. Como lo muestra el siguiente extracto de entrevista, el director se sitúa como el principal lector crítico del trabajo de otro investigador, en este caso de uno en formación.

Es decir, no sé, yo entiendo que el director es un lector muy especial del trabajo. ¿Especial en qué sentido? Bueno, que no solo sabe del tema, sino que se mete ahí con un compromiso formal, pero es alguien que está haciendo un papel crítico de otro que está trabajando, ¿no? (Entrevista director Ricardo Pacha, Ciencias Sociales).

Es decir, el director toma distancia del trabajo de investigación. Como señala Ricardo Pacha: "es el trabajo de otro". Así, la labor de evaluación se realiza otorgando total libertad de decisión al tesista. Estos directores consideran que realizan sugerencias para la mejora del trabajo de investigación, pero que la decisión es del doctorando. Por este motivo, todos ellos sostienen que la calidad final de la tesis es mérito exclusivo del investigador en formación. Del mismo modo, estos directores consideran que su labor tiene lugar durante el desarrollo de la tesis; una vez concluida, algunos sostienen que ni siquiera deberían ser parte del tribunal en la defensa de la tesis. Es decir, focalizan su labor en el proceso y toman distancia del resultado.

Concretamente, este estilo de dirección se traduce en que el director se hace presente ante el pedido del tesista. Por ejemplo, así como quien adopta el estilo directivo (y a veces el orientador) sugiere un primer *corpus* bibliográfico a sus tesistas, para los de estilo acompañante los tesistas deberían poder realizarlo de forma autónoma. Aunque en etapas avanzadas de la tesis ocasionalmente puedan proponer lecturas, no es una indicación de bibliografía a incorporar, sino una invitación a explorar caminos teóricos que el tesista puede descartar. Otra característica de este estilo de dirección es la rara participación y orientación en la realización de los experimentos y del trabajo de campo. Cuando lo hacen, puede ser para sugerir bibliografía sobre metodología de la investigación (en Ciencias Sociales) o recomendar consultas con otros académicos especialistas en determinado método de investigación.

La dirección acompañante es el estilo en el que menor frecuencia de reuniones e intercambios hay entre ambas partes. Esto no se debe necesariamente a que los directores impidan el contacto a sus tesistas, sino a que estos últimos consideran que al director se acude solo en momentos cruciales y para discutir avances. Si esta concepción es promovida por el director o autogenerada por los tesistas es difícil de determinar. Así, es poco probable que estos directores se enteren de los inconvenientes por los que ha pasado el tesista (frustración, bloqueo, ansiedad), dado que a ellos se acude con un producto escrito terminado. Para ningún tesista este estilo de dirección es deseado. Quienes tuvieron ocasión de experimentarlo tuvieron la necesidad de generarse espacios alternativos para resolver las dudas y desafíos cotidianos de la realización de la tesis. Es decir que la autonomía percibida por los directores no parece sostenerse del lado de los tesistas. Para la mayoría de estos tesistas, los encuentros que sostuvieron con sus directores, si bien fructíferos porque satisfacían sus necesidades, fueron menos frecuentes de lo deseado. Solo unos pocos de ellos no buscaron la orientación del director sino directamente de sus pares, generalmente por considerarlo una persona muy ocupada y sentir que no podían acercarse a él con problemas sino con soluciones.

Factores que influyen en los estilos

Los estilos de dirección no son fijos. Un mismo director puede moverse entre dos, o incluso los tres estilos, según el tesista y el momento de su carrera académica. El grado de implicación del director en esta tarea formativa es regulado según distintos factores. El primero es la proximidad temática con el objeto de estudio del tesista. Cuanto más próximo su objeto de estudio a la línea de investigación del director mayor es el grado de implicación. O, mejor dicho, en los casos en los que el objeto de estudio no es cercano a la línea de investigación del director, este tiende a asumir el estilo de dirección acompañante y, además, suele circunscribir sus prácticas más orientadoras a aspectos metodológicos y de la socialización académica (como guía en la publicación).

Un segundo factor es el estilo de tesista. Según los directores, parecería haber dos grandes tipos de tesistas: el independiente o proactivo y el dependiente. Obviamente, estos dos estilos son congruentes con la idea del doctorando posicionado en su condición de alumno y el autónomo. Uno y otro requerirían que el director se comportase de formas distintas para poder generar ambientes de aprendizaje adecuados para cada uno. Por ejemplo, el tesista dependiente necesitaría mayor presencia del director y una modalidad más directiva. También es preciso tomar en cuenta que ambos estilos podrían ser encarnados por un mismo tesista en distintas etapas de su doctorado.

El tercer factor es la cantidad de tesistas. A mayor cantidad de tesistas simultáneos menor involucramiento por parte del director. Este menor involucramiento se compensa con el fomento de las relaciones horizontales entre tesistas, ya sea que el director tenga un equipo de investigación o no. Es decir, incluso quienes no lo tienen, cuando tienen varios tesistas simultáneos, pueden ponerlos en contacto para que se hagan consultas entre sí o con antiguos tesistas ya graduados.

Otro factor de regulación, asociado al anterior, es el grado académico al que aspira el tesista. En Ciencias Biológicas, este factor también se pone en juego al distinguir entre los tesistas de doctorado y los de licenciatura.

El director suele delegar la supervisión de algunas de las tareas del tesista de grado en un doctorando o posdoctorando. En Ciencias Sociales, la variedad de posibilidades es mayor. Según sea un tesista de licenciatura, maestría o doctorado, por un lado; con beca de dedicación exclusiva o no, por otro; y, además, si es un joven investigador o si es un académico con cierto recorrido que realiza el doctorado para acreditarlo, el director modifica su grado de implicación. Aquellos que reciben más atención son los tesistas de doctorado que son becarios (de CONICET O ANPCYT). Con los tesistas de licenciatura pueden ser más directivos, cuando tienen una beca de la universidad para iniciarse en la investigación radicada en su equipo de investigación y, además, porque suelen presentar mayores necesidades formativas. Con este tipo de tesistas y con los becarios existe una proyección de trabajo a largo plazo que favorece la mayor dedicación del director. Y, por último, con los tesistas que tienen una larga trayectoria de investigación y cursan el doctorado para acreditarla, la relación que se establece es siempre en estilo director acompañante. Son dos pares que discuten los avances de la investigación de uno de ellos.

Un cuarto factor es la etapa de desarrollo de la tesis. Atravesado más por las características del tesista que del director, hacia el final de la tesis los directores tienden a asumir una dirección de menor grado de implicación que aquella con la que comenzaron. Es decir, un director con un estilo directivo es probable que en la etapa final de los doctorandos asuma un estilo orientador en la medida en que el tesista adquiera, y pida, mayor independencia.

El último factor, es la etapa en la carrera del director. Los directores tienden a pasar de un estilo directivo en sus comienzos a uno acompañante hacia el final, o cuando ya han cubierto la cuota de direcciones necesaria para avanzar en su carrera como investigadores del sistema científico nacional.

Prácticas formativas según las funciones en la dirección

A las prácticas propias de cada estilo se agregan otras comunes a todos y, por tanto, centrales en la práctica de la dirección de tesis. Los estudios realizados hasta el momento incluyen como prácticas de la dirección de tesis la utilización de ambientes simulados, la reflexión durante la ejecución de las actividades en condiciones reales (bajo la guía y orientación del director) y la discusión de avances. Entre estas prácticas, una línea de trabajo particular es sobre la escritura de la tesis. Esta escritura se realiza principalmente a partir de actividades concretas guiadas y supervisadas por el director. Por ejemplo, corrección detallada y discusión de los manuscritos, trabajo sobre secciones pequeñas de la tesis y, también, modelización de la escritura por parte del director (Diezmann, 2005; Kamler y Thomson, 2004). En este marco, las estrategias de andamiaje son esenciales en el proceso de formación. Como los enseñantes de otros niveles del sistema educativo, el director tiene la función de regular el grado de dificultad de las actividades que encomienda al tesista para que, progresivamente, adquiera mayores responsabilidades y mayor autonomía en su resolución (De la Cruz Flores y otros, 2006).

Algunas de estas prácticas son desarrolladas por los académicos argentinos que entrevistamos. También encontramos otras prácticas o variaciones de las mencionadas.

Prácticas de enseñanza y de aprendizaje en relación a la asesoría académica
Gran parte de los intercambios entre director y tesista se invierten en la profundización de los conocimientos en la teoría disciplinar y en el aprendizaje del quehacer de la investigación. A lo largo de dichos intercambios, se desarrollan prácticas de enseñanza variadas.

Una de las prácticas formativas principales es la discusión y evaluación de avances. El trabajo entre director y tesista se organiza generalmente a partir de las producciones escritas que materializan los avances del tesista (desde el proyecto de investigación hasta la tesis, pasando por borradores de avance, cuadros y gráficos del análisis de los datos, publicaciones). El tesista es quien, en general, promueve la presentación de sus avances, sea cuando siente que no puede seguir avanzando sin su colaboración o cuando ha llegado a un producto finalizado.

El intercambio de estos productos escritos, como práctica de enseñanza, genera comentarios y discusiones. Es una práctica presente a lo largo de todo el desarrollo de la tesis, y realizada por absolutamente todos los directores. Se traduce en: pedidos de ampliación de las ideas expresadas, mayor precisión teórica y la propuesta de otros referentes teóricos para tener en cuenta. En términos pedagógicos, podríamos decir que se trata de una evaluación de carácter formativo[16]. Estos comentarios son la base de la retroalimentación que permite "... construir propuestas de enseñanza que contemplen, comprendan, atiendan e intenten favorecer mejores comprensiones" (Litwin, 2008: 170). Dichas propuestas de enseñanza se logran a partir de evaluar las producciones escritas en sus distintas dimen-

---

[16] Es decir, un proceso de evaluación orientado a recabar información sobre el aprendizaje del estudiante para guiar el proceso de enseñanza y brindar retroalimentación adecuada que le permita al alumno potenciar su aprendizaje.

siones: estructura textual, modo de presentación del análisis de los resultados, discusión teórica, e incluso redacción. Esta evaluación formativa parece erigirse como la práctica de enseñanza por excelencia que asumen los directores. Según ellos, esta modalidad les permite trabajar sobre producciones concretas y monitorear el grado y modo de avance de los tesistas.

A partir de esta evaluación, los directores toman decisiones sobre la formación de sus tesistas; es decir, colaboran en la definición del currículum específico de su formación doctoral. Esto se hace evidente en la recomendación o indicación de bibliografía específica para que profundicen sus conocimientos sobre determinados temas. Por su parte, para los tesistas que se inician noveles en un tema estas primeras indicaciones de bibliografía resultan sumamente útiles (aunque la mayoría dijo no necesitar de orientaciones de su director, al ser una práctica de aprendizaje que se desarrolla desde la formación de grado). Finalmente es interesante que, a lo largo del doctorado cuando ha avanzado en su investigación, el tesista sea quien aporta nuevas lecturas al director, invirtiendo la dinámica.

Una variación del comentario y discusión de producciones escritas es la discusión oral que se produce en los encuentros presenciales entre director y tesista. Por ejemplo, en Ciencias Sociales, esta estrategia permite, al inicio de la investigación, profundizar y mejorar la delimitación del objeto de estudio. En el caso de Ciencias Biológicas, la discusión oral suele usarse para analizar los resultados de los experimentos y delimitar los pasos a seguir. En términos de estrategias de enseñanza, en estos encuentros se pone en juego la discusión y la indagación que, como señalan Eggen y Kauchak (1996), permiten aclarar dudas de forma inmediata, llegar a nuevas conceptualizaciones y desarrollar el pensamiento crítico.

Otra de las prácticas de enseñanza más extendida entre los directores es la modelización[17], ya sea para las actividades de recolección de datos como para el análisis de los resultados. Esta práctica permite observar la ejecución de una actividad, generalmente manual, posibilitando al tesista entrever cuestiones que son parte del conocimiento tácito del director, quien la ejecuta, y que de otro modo no le serían transmitidas. Por ejemplo, en Ciencias Biológicas, esta práctica se utiliza principalmente durante el diseño y ejecución de los experimentos y en tareas de recolección de datos (observación de los organismos vivos, captura y manipulación de animales, etc.). En la realización de experimentos científicos intervienen habilidades complejas que quien las domina ya ha automatizado (Collins, 2001), por ello observar su ejecución y discutir los pasos que la componen es esencial para aprenderlas. En ambos programas, el director actúa esta práctica cuando analiza de modo conjunto con los tesistas los resultados de la investigación.

También los tesistas desarrollan prácticas de aprendizaje que involucran al director. En Ciencias Biológicas, durante el diseño de la estrategia e instrumentos de recolección de datos y la "puesta a punto" del experimento, los tesistas ponen en juego prácticas de aprendizaje autónomo (ensayo y error, lectura autónoma de artículos). En paralelo, también consultan al director, aunque es el último miembro del equipo al que se acude. Generalmente, se consulta primero a quienes están más próximos en la tarea cotidiana, ya sea por vergüenza de mostrar datos erróneos, por deseo de resolver la situación de manera autónoma, o simplemente por consultar a quien está al lado. Por su

---

[17] Es decir, el mostrar y explicar cómo realizar determinado procedimiento. Como estrategia didáctica, muchas veces implica también la práctica guiada junto con el aprendiz en sus primeros intentos.

parte, en Ciencias Sociales, la entrada al campo y el análisis de los datos implican una serie de interrogantes y tareas que el tesista necesita resolver; por ejemplo, saber cómo comportarse con los sujetos de la investigación. No obstante, consultan con el director ocasionalmente, solo cuando consideran que no cuentan con las herramientas necesarias para hacerlo autónomamente.

En ambos programas y en todos los casos, se desarrolla una práctica específica hacia el final del doctorado. El último hito en la formación doctoral es la defensa de la tesis, momento de gran ansiedad para el tesista. Indefectiblemente, todos los tesistas acuden al director pidiendo orientación o confirmación de cómo han estructurado la presentación para la defensa. En el espacio de la dirección se discute la estructura de la presentación y, cuando hay un equipo de investigación, se realiza un ensayo de la defensa durante el cual todos los integrantes del equipo aportan comentarios sobre la presentación al tesista.

Prácticas de enseñanza y de aprendizaje en relación a la socialización académica

El director es una de las principales figuras que introduce al tesista en las normas, valores y costumbres de la academia. Las prácticas que se desarrollen en esta dimensión dependen de la importancia que el director le otorgue a ella (por ejemplo, algunos de los directores se proponen transmitir a sus tesistas los aspectos de la profesión académica que no les fueron transmitidos a ellos) y del hecho de si ha conformado un equipo o no.

Este último punto deriva en grandes diferencias entre Ciencias Biológicas y Ciencias Sociales. Dadas las características del lugar de trabajo en las segundas, gran parte de la socialización académica recae sobre la iniciativa del tesista y de los ámbitos de inserción que él mismo genere, más que en la interacción con el director. Contrariamente, en Ciencias Biológicas, muchas actividades en las que se embarcan director y tesista se desarrollan dentro de la vida cotidiana del laboratorio y el tesista puede adquirir competencias relacionadas con la tarea de un investigador de carrera solo por el hecho de interactuar y observar al director en su labor sin que este se proponga explícitamente formarlo en este sentido.

La socialización académica incluye también iniciar a los tesistas en la publicación. Esto implica la formación de los tesistas en los distintos aspectos de esta actividad académica como el modo de determinar los datos/hallazgos suficientes para construir un artículo científico riguroso, los criterios para la selección de los congresos y las revistas académicas. El primer aspecto es transmitido por los directores en conversaciones cuando se están discutiendo otras cuestiones como el análisis mismo de los datos o ante la consulta específica del tesista; mientras el segundo es tratado en el ámbito de la dirección de tesis solamente a pedido del tesista. En este sentido, son pocos los tesistas de Ciencias Sociales que manifestaron haber consultado con su director acerca de los ámbitos de publicación.

También constituye una diferencia entre ambos programas si la publicación es conjunta o individual; diferencias que reproducen las prácticas de los grupos disciplinares de referencia. En Ciencias Biológicas, la publicación conjunta es la norma. Los directores que fomentan la escritura de los artículos por parte de los tesistas revisan y comentan los borradores y son los que dan el último visto bueno. En algunas parejas director-tesista, este es un proceso graduado con etapas bien diferenciadas; si bien no todos los entrevistados mencionaron haber seguido el mismo proceso. En un primer momento, el investigador en formación redacta el apartado de materiales y métodos, y en ocasiones el de los resultados. En un segundo momento, puede participar en la elaboración de la discusión junto con su director. Y solo después de haber publicado algunos artículos bajo esta modalidad, se embarca en la escritura autónoma de un artículo con la supervisión final de su director. En todas estas etapas, su lugar como autor varía. Al igual que lo hallado por Manathunga y Goozée (2007) y Kiley (1996), en Australia esta actividad graduada de escritura contribuye al desarrollo del análisis crítico en el tesista y da origen a producciones concretas sobre las cuales evaluar sus avances, lo que le brinda la retroalimentación necesaria para avanzar en sus investigaciones.

En otros casos, es el director quien escribe los artículos a partir de los resultados de los tesistas. Esta decisión viene dada por el nivel de prestigio de la revista en la que publican o de los tiempos en que pretenden que esté terminado un artículo, no por una postura respecto de las competencias o necesidades formativas de los tesistas.

Por su parte, en Ciencias Sociales encontramos pocos casos de publicación conjunta y escasa lectura por parte de los directores de las publicaciones de sus tesistas durante su proceso de escritura. No obstante, sí asesoran[18] al tesista acerca de los congresos o revistas más convenientes, cuando así lo solicita. Además, algunos directores orientan acerca del camino que les conviene seguir: comenzar por congresos (mejor si son dirigidos a jóvenes investigadores), continuar por revistas (siempre con arbitraje ciego), primero, argentinas y luego, internacionales.

---

18 En algunos casos, los tesistas no reciben ningún tipo de orientación en cuanto a la publicación. Es preciso señalar que este fue uno de los aspectos en los que encontramos contradicciones entre los dichos de ambos miembros de la pareja entrevistada. El director decía orientar en la publicación; y el tesista, haberse enterado demasiado tarde cuáles eran los criterios para publicar, luego de haber tenido algunos rechazos en revistas.

Otra arista de la socialización académica incluye la orientación a los tesistas en el trazado de su carrera académica y en los primeros pasos del desempeño del rol de investigador (cómo gestionar un equipo de investigación, cómo presentarse a subsidios, cómo elaborar informes narrativos y financieros, la dirección de tesistas, etc.). Pocos directores asumen estas tareas como parte de su rol. Es más, para algunos de Ciencias Biológicas, no son actividades pertinentes en la etapa de formación doctoral. En cuanto a la participación de los tesistas en distintas actividades del laboratorio, o en la preparación de proyectos para subsidios, un director respondió:

> No, no, un becario… yo no puedo poner a un tesista a que ocupe su tiempo en redactar un pedido de subsidio. No es su función específica, no le aporta ninguna cosa a la función. Yo me negaría totalmente a eso. (Entrevista director Roberto Ledesma, Ciencias Biológicas).

En el caso de los directores que sí lo hacen, las prácticas son variadas. Algunos promueven la socialización de sus tesistas informalmente en conversaciones sobre el sistema científico, la gestión del laboratorio o del equipo de investigación o a partir de la transmisión de la modalidad de trabajo dentro del equipo o laboratorio (normas de higiene, frecuencia de reuniones, etc.). En otros casos, invitan a participar activamente de distintas tareas (moderar mesas en congresos, participar de los pedidos de subsidios del equipo, compra de insumos, mantenimiento de equipos, etc.). Cuando es así, los tesistas se involucran activamente en algunos aspectos del funcionamiento de un laboratorio desde los inicios del doctorado.

Desde la perspectiva del aprendizaje como participación (Lave, 2001), involucrarse en las distintas actividades les permite a los doctorandos aprender a desenvolverse en la academia. Cuando el director no otorga estas oportunidades, sí brinda a sus tesistas la posibilidad de observar a otro desarrollarlas. Es decir, él mismo se vuelve un modelo de lo que constituye ser un investigador y hacer investigación. De este modo, podríamos pensar que, aunque el director no se posicione explícitamente como formador, igualmente puede establecer una relación formativa con sus tesistas. Este lugar de modelos de investigadores que tienen los directores es mucho más claro para los tesistas que para los directores mismos. Como en el caso de Laura, la mayoría de los directores se muestran incómodos con la idea de ser un modelo de investigador para sus tesistas.

> El relato, cómo armar un relato, también eso creo que en alguna forma... No sé si soy modelo o no, pero creo que los pibes tienen que aprender eso y lo aprenden del director: cómo se arma un relato a partir de los datos, de la realidad. Sí, creo que esas son las únicas cosas para las que puedo pensar [...] ser un modelo. (Entrevista directora Laura Zamora, Ciencias Biológicas).

Contrariamente, los tesistas tienen muy claro que su primer ejemplo de un investigador dentro de su disciplina (sea para bien o para mal) es su director. Y este es uno de los principales modos en que socializan académicamente a sus tesistas.

Prácticas de dirección en relación al apoyo psicosocial

Parte de la dirección de una tesis es brindar a los doctorandos el sostén necesario para generar las condiciones sociales y emocionales indispensables para formarse como doctores y culminar con éxito la tesis. La investigación es una actividad creativa que involucra a la totalidad del yo (Wainerman, 2011a); presupone un involucramiento personal con la tarea. Por ello, los desafíos afrontados durante el desarrollo de una tesis doctoral pueden provocar frustración e incertidumbre, y en otros momentos, gran satisfacción y alegría. El director acompaña a los tesistas en estos vaivenes, los guía y orienta para que puedan continuar con sus tesis. De hecho, según varios de nuestros entrevistados, esta es una de las principales tareas del director de tesis. Desde la didáctica, Camilloni y otros (1998) y Litwin (2008) expresan que los aspectos emocionales y afectivos son parte del aprendizaje y, particularmente, de la construcción de nuevos conocimientos. Por ello, es relevante que los directores entrevistados expliciten la importancia de atender a los estados emocionales de los tesistas para que puedan proseguir con sus tesis. La significatividad de este reconocimiento se halla en que el apoyo brindado por el director es uno de los principales factores que posibilita al tesista el desarrollo de su tesis.

Ahora bien, ¿con qué herramientas cuentan para sostener a los tesistas en los momentos de frustración, de ansiedad o de bloqueo? Según los directores, no existe un modo único de sostén a los tesistas, sino que es necesario construirlo en cada relación que establecen. Lo que funciona con un doctorando, no lo hace necesariamente con el siguiente.

A pesar de ello, pudimos identificar prácticas de apoyo frente a tres tipos de circunstancias: sentimientos de angustia y frustración, sensación de bloqueo y sentimiento de soledad. Frente a la primera, cuando evalúan avances, los directores suelen resaltar los aspectos positivos y omitir o atenuar los negativos, y recomendar la lectura de otras tesis para adecuar las expectativas sobre la tarea que tienen por delante. Para las situaciones de bloqueo, proponen reunirse y trabajar de forma conjunta o, sugieren actividades concretas (gráficos y tablas, líneas históricas, modificaciones concretas en un experimento). Estas actividades permiten cambiar el foco de atención y desbloquear, facilitar la tarea del tesista. En la etapa de la escritura también pueden recurrir a este tipo de prácticas, orientando en la construcción del argumento o hilo conductor de la tesis, utilizando estrategias como pedidos de crear un argumento en una carilla o elaborar un mapa conceptual.

Por último, para el sentimiento de soledad (propio de las Ciencias Sociales y de los tesistas que no forman parte de un equipo de investigación), el apoyo se constituye principalmente en incentivar relaciones con otros tesistas (propios o de colegas) que trabajan objetos de estudio similares y con los cuales pueden interactuar. Más allá de eso, está en el tesista generarse espacios alternativos que puedan servirle para contrarrestar el sentimiento de soledad.

Del lado de los tesistas, el apoyo del director en los momentos más álgidos parece ser clave para poder continuar sus tesis. Incluso, en algunos casos lo mencionaron como una de las funciones más importantes del director. No obstante, debemos tener en cuenta que la posibilidad de intervención y de apoyo de los directores depende en gran medida de la apertura del tesista para recibirlo. La relevancia de esta función de la dirección de tesis puede ser apreciada cuando consideramos que, al momento de las entrevistas, cuatro de los seis doctorandos estaban pasando por una crisis. Dos de ellos pensaban seriamente abandonar el doctorado (de hecho, uno de ellos efectivamente lo hizo meses después), otro estaba estancado con el trabajo de investigación (sus experimentos no arrojaban resultados válidos), y la cuarta, ya terminando el doctorado, no sabía si iba a continuar en la academia. Solo uno de los cuatro estaba conversando estos problemas con su director. Los otros tres consideraban que tenían que acercarse a los suyos con soluciones o, por lo menos, con algunas ideas de cómo solucionarlos. Si bien el director tiene un lugar primordial en las probabilidades de culminación de la tesis, la apertura del tesista a mostrarse "en problemas" también aumenta esas probabilidades. O sea, no es solo la presencia del director para acompañar y sostener afectivamente una condición necesaria para alcanzar la finalización de la tesis doctoral, sino también la disposición del tesista a mostrar sus "debilidades": de parte del director, esta apertura debería corresponderse con no enjuiciar rápidamente al tesista por no estar en ese momento en las condiciones adecuadas para realizar la tesis.

Prácticas en relación al apoyo práctico

El apoyo práctico se traduce en brindar a los tesistas los medios y contactos que necesitan para desarrollar su investigación. Identificamos tres dimensiones de este apoyo: financiamiento y "condiciones laborales", oferta de empleos y desarrollo de la tesis. En cuanto a la primera de ellas, en Ciencias Biológicas, el director tiene la función de financiar los costos de la investigación de sus tesistas. También les financian las presentaciones a congresos tanto nacionales como internacionales. Sus pares de Ciencias Sociales, solo en ocasiones destinan parte de los fondos de sus subsidios para cubrir los costos de los congresos de sus tesistas y la compra de insumos (libros, cartuchos de impresoras, etc.). Como en nuestro estudio nos centramos en doctorandos con becas de dedicación a tiempo completo, los directores de ambos programas también fijan sus condiciones de trabajo: horarios, recursos de los que disponen, ritmos de trabajo y exigencias de calidad, entre otros aspectos.

En la segunda dimensión, cuando los tesistas enfrentan algún periodo sin beca, los directores les ofrecen empleos que les permitan terminar la tesis. En Ciencias

Sociales, algunos directores también ofrecen empleos o consultorías a sus tesistas para ampliar su desarrollo profesional, independientemente de que continúen con la beca.

Por último, el apoyo práctico se traduce en facilitar la ejecución de la investigación mediante contactos para realizar el trabajo de investigación e intercambios con otros equipos o resultados de investigaciones anteriores todavía no analizados. Por ejemplo, el acceso a otros laboratorios que trabajen con técnicas específicas que necesitan para su tesis, y que no se desarrollan en el laboratorio propio, se genera a partir de contactos del director. Prácticamente en todos los casos que entrevistamos, los contactos y convenios del director facilitaron el intercambio de los tesistas con otros equipos o académicos dentro y fuera del país.

4

Los talleres de tesis

En paralelo al espacio de la dirección de tesis, los programas doctorales incluyen cursos y seminarios que complementan la formación del tesista y le brindan herramientas para desarrollar su investigación. En este capítulo, nos ocupamos de los talleres de tesis, propios de las Ciencias Sociales. Además, concluiremos el capítulo con un caso de un curso de diseño experimental en Ciencias Biológicas. Estos espacios curriculares tienen por objeto orientar a los estudiantes en el desarrollo de sus tesis y ponen a la práctica investigativa en el centro de la escena.

Antes de adentrarnos en ellos, dedicaremos unos párrafos a los distintos tipos de seminarios que pueden encontrarse en los programas doctorales[19]. Entre ellos, se pueden diferenciar los orientados a la profundización de conocimientos teóricos de los dirigidos a la formación para la investigación. Esto se traduce en dos posiciones curriculares. La primera, propone espacios curriculares específicos: las asignaturas de metodología de la investigación; la

---

[19] Como señalamos, en Argentina existen programas estructurados (totalmente predeterminados por la institución y con un diseño curricular idéntico para todos los estudiantes), semiestructurados (una parte del currículum está predeterminada por la institución, común a todos los estudiantes, y otra parte la define la institución o el doctorando de acuerdo al campo profesional, el área del conocimiento o el tema de tesis), y personalizados (las actividades curriculares no están predeterminadas y se definen para cada estudiante de acuerdo al área del conocimiento y su tema de tesis).

segunda, pondera el aprendizaje en la práctica con quienes desarrollan su *métier* cotidiano, como son los equipos de investigación (Lucarelli y Calvo, 2015).

A partir de esta distinción, podemos identificar dos tipos básicos de cursos en el nivel de posgrado: los teóricos, orientados a la profundización del conocimiento sobre un tema particular, y los dirigidos a guiar en la realización de la tesis. Los primeros tienen características similares a los cursos de la formación de grado. Como señala Lovitts (2005), estos cursos perpetúan las características curriculares de los niveles anteriores del sistema educativo y mantienen a los alumnos en un mundo conocido y, por lo tanto, podría asumirse que no conflictivo.

Entre los segundos se encuentran espacios curriculares de distinto grado de sistematicidad desde los *Brown Bag Seminars* o Seminarios de investigación[20] y grupos de escritura[21]; hasta los talleres de tesis y los de escritura. Estos últimos son más sistematizados que los anteriores, y muchas veces están dentro de los currículos obligatorios de los doctorados. Sin embargo, es poco lo que se sabe de ellos en términos pedagógico-didácticos hasta el momento. Lo mismo ocurre con los talleres de tesis, esto podría deberse a que existen principalmente en la Argentina y otros países latinoamericanos. En los países angloparlantes, no existen estos talleres (más bien existen seminarios de investigación y grupos de escritura). De todos estos

---

[20] Espacios de larga data, ya que el primero del que tenemos referencia es de 1940 (Eckelberry, 1940), y existentes en variadas disciplinas; de carácter informal y optativos, a los que los doctorandos asisten para discutir avances de la tesis. Es posible ver estos espacios curriculares en los sitios web de distintas universidades, como los siguientes: https://bit.ly/2tGgjGZ; https://bit.ly/2tC2WaM; https://bit.ly/2tulwCq; https://bit.ly/2IvPt9Z; https://bit.ly/2N0do4M

[21] Estos espacios tienen por objeto alentar y orientar a los tesistas en la escritura de su investigación (Aitchison, 2009; Colombo, 2012; Lee y Boud, 2003; Parker, 2009).

espacios, los talleres de escritura son los que gozan de más fama, pero escasamente aparecieron durante nuestro estudio. Por ello, no los incluimos en este capítulo.

Antes de adentrarnos en el análisis de estos espacios curriculares, debemos agregar que los talleres de tesis pueden tomar una variedad de modalidades didácticas y, de hecho las toman, como veremos más adelante. En los próximos apartados describiremos los objetivos y estrategias didácticas que organizan la tarea de estos cursos; también los analizaremos en tanto ambientes de aprendizaje que potencian la formación en el quehacer de la investigación.

Viejos conocidos que desconocemos completamente

A pesar de que todos aquellos que circulan o han circulado por el nivel de posgrado en el ámbito de las Ciencias Sociales y Humanas han escuchado hablar de los talleres de tesis, estos siguen siendo un espacio curricular casi desconocido. En parte porque no hay acuerdo entre si son espacios en los que se hace investigación al modo de los talleres de artesanos (Wainerman, 2011a) o si incluyen también la enseñanza de la metodología de la investigación (Difabio y Heredia, 2013); y en parte, como consecuencia de lo anterior, porque lo que se hace en ellos en términos pedagógico-didácticos varía entre un taller y otro. Por ello, primero nos detendremos unas líneas en las nociones de taller, de taller como dispositivo pedagógico y, luego, nos enfocaremos en el taller de tesis.

La idea de taller está fuertemente asociada a la noción de oficio: un espacio productivo que reúne a personas de distinto grado de especialización (y jerarquía) en la realización de una tarea común. Desde los gremios medievales hasta las organizaciones modernas, el espacio de producción es importante en la ejecución del oficio como ambiente de encuentro entre generaciones, aprendizaje y trabajo. Así, continuando esta idea en el ámbito de la ciencia, estos talleres —espacios de producción del conocimiento— podrían pensarse como los equipos de investigación y los talleres de tesis mismos como dispositivos pedagógicos destinados a orientar y formar en la producción de conocimiento.

En tanto dispositivos pedagógicos, el fundamento de los talleres se encuentra en concebir teoría y práctica de manera integrada (Barros, 1977). Se trata de un "aprender haciendo" guiado por la reflexión sobre el hacer. El taller alcanza toda su potencialidad cuando el aula se convierte en un espacio habilitado para indagar, intercambiar ideas y experiencias, equivocarse (De Vita, 2012). En este marco, el docente incentiva, guía y orienta a los alumnos en su proceso de aprendizaje (Pasel y Asborno, 1991). Pueden ser ocasiones de aproximación a la práctica profesional. Una de las notas principales de los talleres es la involucración de toda la persona en la tarea del taller.

Los talleres de tesis se constituyen en ambientes de aprendizaje centrados en la investigación, generan un alto compromiso en los estudiantes (como sucede en el aula-taller), dado que los trabajos que se realizan son producciones propias de los estudiantes (Pasel y Asborno, 1991) sobre un tema de investigación y, al mismo tiempo, proponen tareas significativas de la academia, mundo social al que aspiran incorporarse (Parker, 2009).

En las Ciencias Sociales, y especialmente cuando el doctorando no pertenece a un equipo de investigación, los talleres se constituyen en la posibilidad de involucrarse en un ambiente de práctica reflexiva y colectiva de la investigación en el que se aprende a investigar investigando. Son espacios de práctica del quehacer de la investigación, que complementan el trabajo con el director de tesis. Asimismo como se sostiene desde la teoría pedagógica-didáctica, la actividad del taller implica la involucración de toda la persona en ella. Quienes se han dedicado a estudiar los talleres de tesis sostienen lo mismo: el trabajo sobre la propia investigación implica a la persona en sus dimensiones cognitiva, afectiva y creativa. Además, esta alta involucración exige que se genere un clima de aula que propicie la libre expresión y el trabajo en un contexto de seguridad donde el error sea un motor del aprendizaje (Boud y Lee, 2005; Carlino, 2012; Pereira y Di Stéfano, 2008).

Modelo pedagógico y estrategias didácticas de los talleres de tesis

En los programas doctorales, los talleres de tesis pueden concentrarse en momentos específicos de la cursada o insertarse curricularmente a lo largo de toda ella como acompañamiento constante. En el caso que analizamos, se insertaban del primer modo. Los doctorandos deben cursar dos talleres de tesis, que han de realizarse en dos momentos específicos: el primer taller, cuyo objetivo es orientar en la elaboración del proyecto de investigación, al principio del doctorado; y el segundo taller, cuyo objetivo es orientar en el diseño de la estructura (deseablemente) definitiva de la tesis, una vez que los estudiantes realizaron el trabajo de campo.

Objetivos y modalidad de los cursos

Como mencionamos más arriba, los talleres tienen el objetivo principal de orientar a los doctorandos en la construcción de la tesis. Desde la perspectiva de los docentes, son espacios de formación centrados en la práctica de la investigación, utilizando como "excusa" la tesis doctoral. Buscan que los doctorandos aprendan a transformar sus inquietudes en preguntas de investigación, a elaborar un estado del arte, a diseñar una estrategia metodológica que les permita alcanzar los objetivos de sus investigaciones. Asimismo, se dan consejos para la publicación de artículos, revistas para publicar, se transmiten experiencias personales de los docentes sobre su trayecto formativo o desempeño como investigadores, e incluso se asesora sobre los pasos a seguir dentro de la institución para lidiar con los aspectos burocrático-administrativos del doctorado.

Asociado al objetivo anterior, se busca desarrollar el pensamiento crítico en los estudiantes, que puedan identificar las características de una buena investigación doctoral. Esta función está asociada a brindarles acompañamiento y apoyo a los estudiantes considerando que, como señala Carlino (2012), el trabajo sobre los miedos y expectativas favorece las producciones de los tesistas.

Un último objetivo, de carácter más bien compensatorio, es brindar orientaciones y contenidos teórico-metodológicos. Si bien en los talleres de tesis la intención no es enseñar metodología de la investigación, los docentes muchas veces trabajan este tipo de contenidos con el fin de orientar a los alumnos en la construcción de sus tesis.

Los docentes sostienen que estos talleres son un espacio en el que los estudiantes pueden desarrollar una fase de su investigación. Es decir, un espacio focalizado en la producción, que podría estar funcionando como un puente entre la institución universitaria (y el aprendizaje escolarizado) y la práctica profesional académica.

En paralelo, los estudiantes se aproximan a estos talleres con una serie de objetivos y expectativas particulares, que pueden o no coincidir con los propuestos por los docentes. Algunos esperan discutir los temas teóricos de las tesis, otros desean que se impartan contenidos de metodología de la investigación. También están quienes desean discutir sus avances con otros y ampliar el espectro de personas con los que intercambian perspectivas sobre su trabajo. Esto está en línea con lo encontrado por Hidalgo y Pasarella que sostienen que los estudiantes "... desean que los doctorados diseñen espacios de interacción donde se pueda avanzar en la discusión de las problemáticas de investigación..." (2009: 77). Recordemos que, en Ciencias Sociales, este puede ser uno de los pocos espacios de intercambio que tenga el doctorando. La diversidad de expectativas evidencia la escasa definición que existe de estos talleres de tesis y el consecuente desconocimiento por parte de los alumnos de qué esperar de ellos.

A estos objetivos discrepantes se le agrega la intención estratégica por parte del doctorando de realizar los talleres porque son un requisito del programa doctoral; es decir, una visión utilitaria por parte del alumno no dirigida necesariamente hacia la mejora de la tesis. Como en toda instancia formativa, en ocasiones el alumno puede optar por posicionarse de manera estratégica frente al saber, y forjar una postura más ligada con la lógica de la aprobación que del aprendizaje (Perrenoud, 2006). En definitiva, lo que se juega es la tensión entre la preocupación por aprender y la preocupación por aprobar (Brailovsky y Menchón, 2013). Ambas preocupaciones son legítimas y están presentes en toda situación de enseñanza, y los estudiantes pueden guiarse por una u otra.

La pregunta es si es posible que los estudiantes asuman totalmente una lógica de aprobación en los talleres de tesis. Dado que el objetivo y actividad central es el trabajo del alumno sobre su propia investigación, es altamente probable que no pueda tomar una actitud pasiva, como podría hacer en un seminario teórico. Por el contrario, el taller le exige ser protagonista y lo compromete en una tarea de producción. Aunque parecería difícil que pudiera posicionarse totalmente desde la lógica aprobante al ser la materia principal de trabajo su investigación doctoral.

Para alcanzar sus objetivos, los docentes de los talleres ponen en juego estrategias de enseñanza similares; la combinación que hacen de ellas y el sentido que le otorgan en la formación de los doctorandos son diferentes. En ambos casos, los estudiantes deben realizar guías de trabajo semanales que los llevan gradualmente a la realización del proyecto de investigación y del diseño de la estructura de la tesis según el taller. Por ejemplo, una de las consignas del primer taller es identificar los problemas del área temática elegida para la investigación para, a continuación, ver dónde se inserta la tesis.

En este marco general, el primer taller de tesis ordena sus encuentros a partir de una exposición teórica en la que se abordan y discuten los contenidos del programa, y la evaluación de las guías de trabajo semanales por parte del docente, dando lugar en ocasiones a la intervención de otros participantes. La estrategia de enseñanza por medio de guías de trabajo semanales se resuelve de modo distinto en el segundo taller. Los alumnos deben entregarlas a los docentes vía correo electrónico unos días antes de cada clase y en los encuentros presentarlos oralmente (utilizando un PowerPoint) y discutirlos con el resto del grupo. Se destinan aproximadamente 30 minutos a la discusión de cada trabajo. Además, se invita a graduados recientes del doctorado para exponer la trastienda de su investigación (cómo hicieron determinada parte, qué desafíos enfrentaron), en especial lo que corresponde a la consigna para esa clase (por ejemplo, la definición del objeto de estudio o el desarrollo del diseño metodológico).

Los talleres como ambientes de aprendizaje que potencian la construcción de conocimiento

La modalidad de trabajo propuesta por los talleres de tesis favorece la generación de lo que Bain (2007) denomina un ambiente de aprendizaje crítico natural que, aquí podríamos agregar, está centrado en la investigación (Boud y Lee, 2005). Podemos definirlos como ambientes de aprendizaje crítico porque "... los estudiantes aprenden a pensar críticamente, a razonar a partir de las evidencias, a examinar la calidad de sus razonamientos utilizando una variedad de estándares intelectuales, a hacer mejoras mientras piensan y a plantear preguntas probatorias..." (Bain, 2007: 115). Al utilizar el término "natural", Bain intenta poner de manifiesto que las competencias, destrezas, costumbres, valores y actitudes que los alumnos están intentando aprender se encuentran implicadas en las tareas que encaran. De este modo, los cursos colaboran en la inmersión de los alumnos en la academia.

Es decir, un espacio de intercambio entre investigadores expertos (docentes del taller) y doctorandos (otros alumnos) reunidos para la realización de tareas auténticas que desafían y motivan a los segundos potenciando el desarrollo de su pensamiento crítico. El docente no ocupa el rol de promotor del intercambio entre los doctorandos quienes, al analizar críticamente el trabajo de sus compañeros, favorecen no solo el avance de las tesis de sus pares sino también de la propia. Por ello, el intercambio resulta en la formación en el quehacer de la investigación y también la socialización académica. En los próximos párrafos nos dedicaremos a desentrañar las características y desafíos de este ambiente de aprendizaje crítico natural orientado a la investigación.

Los talleres son un puente entre el aprendizaje escolarizado y la práctica de la investigación

Una de las primeras notas que permite pensarlos como un puente es que promueven un acercamiento a la práctica académica real en un contexto controlado. La posibilidad de fracaso está atenuada por las revisiones y orientaciones que recibe el alumno. Así, estos espacios curriculares intervienen como instancias que acercan a los doctorandos a las prácticas de la comunidad académica. La participación en estas prácticas promueve tanto la apropiación de la cultura como también favorece los procesos de reflexión y adquisición del conocimiento. Desde la teoría pedagógico-didáctica, sabemos que "... si los estudiantes participan efectivamente en la organización y desarrollo de una situación [...] los aprendizajes son más duraderos, impactan en sus conciencias, promueven reflexiones y permiten mejores procesos de autoevaluación" (Litwin, 2008: 102). Además, este contexto controlado es de gran importancia en Ciencias Sociales, ya que como señalamos en capítulos anteriores, en la gran mayoría de los casos el inicio en la investigación coincide con la tesis doctoral, por lo que el aprendizaje se realiza con actividades de alta significación para el tesista. Este alto involucramiento del tesista puede implicar una relación más emotiva con la tarea, en la que el fracaso tendría un costo afectivo elevado. Por este motivo, el contexto controlado que ofrecen estos talleres puede atenuar el costo afectivo y cognitivo del tesista. De ahí su importancia como instancia formativa y de acompañamiento a los doctorandos: atenúa las posibilidades de fracaso y realza su función formativa.

Este puente se logra a partir de una de las principales estrategias didácticas de los talleres: las guías de trabajo. Estas consisten en consignas a resolver que impulsan la reflexión y puesta en texto de distintas dimensiones de la tesis. Esta modalidad de trabajo se basa en una retroalimentación inmediata que favorece el avance de los alumnos a partir de los comentarios recibidos, previniendo que lo hagan "a ciegas". Como señala Kiley (1996) para el contexto australiano, este tipo de retroalimentación es esencial para el trabajo y bienestar de los estudiantes que se están embarcando en un periodo de intenso trabajo en un solo proyecto. La alta frecuencia de entrega de las consignas (los encuentros son semanales) implica un ritmo intenso para los participantes (tanto docentes como estudiantes). Aunque durante este tiempo los alumnos difícilmente puedan avanzar en otros aspectos de la tesis, como señalaron algunos de ellos, la recompensa es la posibilidad de discutir con otros su investigación y de sistematizar los avances realizados.

Cuando las consignas de las guías de trabajo se presentan de modo escrito y al inicio del curso, como sucedió en uno de los casos observados, se permite a los alumnos anticiparse y armarse una noción completa de lo que es el taller y el producto final que deben alcanzar. Contrariamente, no anticipar las consignas, como ocurrió en otro caso, impide que el alumno tenga claridad sobre qué se espera de él y cuál es el resultado final del curso, así como una visión global de lo que se hará durante el taller. En el contexto de la formación doctoral, la claridad de metas y sistematicidad en la actividad que pueden otorgar estos talleres es importante porque, como también señalan Delamont y Atkinson (2001), el doctorado es un periodo formativo marcado por la incertidumbre, tanto de los resultados como de las tareas cotidianas que deben realizarse.

La estrategia de guías de trabajo se complementa en el actuar concreto del aula con intervenciones específicas de los docentes. Para acortar la distancia entre el espacio del aula y la práctica de la investigación, usualmente los docentes transmiten su experiencia personal para aconsejar a los alumnos o ejemplificar la toma de decisiones en el proceso de construcción de la tesis. También hacen alusión a investigadores que estudian temas similares cuando consideran que el contacto con ellos les puede ayudar a los doctorandos para el desarrollo de la tesis. El siguiente fragmento es un ejemplo de esto:

> Mónica[22]: todo lo que leí de [línea de investigación] me sirvió para poner un párrafo, que tengo hasta visualizado el lugar de la tesis donde lo puse, para decir: "Este problema se aborda en la bibliografía internacional desde dos perspectivas: ta y ta. Los referentes de la perspectiva tal son estos. Y yo lo voy a abordar desde esta". Solo un párrafo. (Fragmento observación Taller de tesis II).

En los talleres de tesis también existen espacios de exposición dialogada[23], los docentes recurren a la exposición para dirimir la discusión de un trabajo, reencauzarla o aclarar dudas; también para explicar nociones de metodología de la investigación aplicables a un trabajo concreto y dar explicaciones sobre la tesis como texto. En el siguiente fragmento vemos cómo el docente utiliza la exposición para explicar conceptos a los alumnos, delimitar lo que se espera de ellos en la tesis y, también, corregir oralmente sus presentaciones.

> Bernardo: Yo siempre digo, una tesis de doctorado, un plan de investigación, uno dice: "¿Por qué esto son 400 palabras, esto son 1000, esto son 5 páginas?" Por supuesto que hay algo de

---

[22] En las transcripciones de las observaciones de los talleres de tesis, Mónica, Bernardo y Mauro son los docentes.

[23] Esta ha gozado de mala reputación en las últimas décadas al ser asociada a modelos formativos memorísticos; sin embargo, en los últimos años su valor ha sido reivindicado reconociendo que también puede ser usada en modelos formativos que potencien el pensamiento crítico.

> arbitrariedad siempre en todo eso, de arbitrariedad controlada, no es capricho. Hay una idea de conjunto, podría ser una palabra más una palabra menos, pero hay lo que se llama una estética de la tesis. La tesis tiene que ser equilibrada. Vieron cuando uno está leyendo un texto, una ponencia, un texto, un párrafo de tres renglones, otro párrafo de 50, un subtítulo que tiene 20 páginas y un título que tiene una sola. Y uno dice: "Acá, no es solamente que queda feo, sino que además qué raro que es este trabajo, ¿no? ¿Por qué esto es un capítulo de una página, tendría que formar parte de...? ¿Por qué el que hizo esto lo dividió así? Qué extraño, qué raro". Bueno, pero hay que tratar de encontrarle la lógica... (Fragmento observación).

Desde la perspectiva de los estudiantes, el puente entre el aprendizaje escolarizado y la práctica de la investigación se construye a partir del papel activo que tienen en estos talleres. En primer lugar, la tarea central es que los doctorandos trabajen sobre sus propios proyectos de tesis, a partir de las guías que les permiten realizar sucesivas reescrituras. Desde una perspectiva pedagógico-didáctica, la posibilidad de volver sobre lo escrito y discutirlo con otros lleva a una progresiva apropiación de un saber disciplinario e incide en la reconfiguración de la subjetividad del doctorando de consumidor a productor de conocimientos en un campo disciplinar específico (Vitale, 2009).

El puente con la práctica académica consiste tanto en embarcarse en tareas propias e importantes del quehacer de la investigación como también en sumergirse en sus usos, costumbres y valores. Por ejemplo, comenzando por su lenguaje, en algunas ocasiones los docentes piden rigurosidad y precisión al hablar:

> Mónica: ¿Urbano también es una categoría nativa?
> Paula: No, esto no, yo no sabía cómo ponerlo porque tampoco hay... O hay sectores de clase bastante alta que no viven en el territorio, pero que construyen *countries*...

Mónica: Si vas a usar categorías nativas, usá todo categorías nativas. (Fragmento observación Taller de tesis).

A partir de estas intervenciones, los docentes colaboran en la introducción de los estudiantes en el discurso académico. Así modelan el trabajo académico. Es decir, las estrategias y técnicas didácticas puestas en juego por los docentes también son un factor en la construcción de dicho puente. Lo mismo sucede con los contenidos trabajados en los talleres, entre los que se encuentran: las características definitorias de la tesis doctoral como tipo textual, características de una tesis doctoral en tanto investigación científica para acreditar un grado académico, características de un proyecto de investigación, normas institucionales (aspectos formales relativos al doctorado), formular problemas de investigación y reconocer qué es una contribución al campo científico, criterios de rigor científico, evaluar críticamente proyectos e informes de investigación (representados en los trabajos de sus compañeros).

En el extremo más lejano del puente se encuentra la práctica investigativa, la inmersión en el ámbito académico. En este sentido, no se trata solamente de adquirir habilidades o conocimientos, sino de actuar de modos que sean reconocidos y valorados por otros miembros (Contu y Willmott, 2003), y los cursos brindan oportunidades de aprendizaje que favorecen la conformación de una identidad. Es decir, el sentido último es formarse como académico, como doctor en determinada disciplina. A continuación, se presenta un fragmento en el que podemos ver parte de los contenidos trabajados en uno de los talleres, los apartados del proyecto de tesis, la factibilidad y el tipo de orientaciones brindadas por el docente:

Sandra: Una pregunta en relación a la factibilidad. Yo puse que vivo en la zona, entonces tengo acceso directo, digamos. Y vos lo que me sugeriste es que no lo ponga desde ese lugar. O sea, ¿pongo "Tengo acceso al campo porque tengo acceso al campo"?
Mauro: Porque conocés a los actores, porque venís trabajando con ellos. A ver, ¿por qué...? Yo lo que le decía es... Ella me dice: "Vivo en el Delta, entonces tengo acceso a los actores". Bueno, no. No por vivir en un lugar uno tiene acceso directamente a...
Cecilia: Podés ser ermitaño y no salir de tu casa [risas].
Mauro: O puede irte en contra, puede ser contraproducente, porque hay una, digamos... Y, aparte, la otra cuestión es precauciones en cuanto a la reflexibilidad. Los antropólogos estamos muy... Hay una imagen de Claudia Fonseca, una antropóloga brasileña, que es "Ni muy cerca ni muy lejos". Muy cerca uno se confunde con el objeto; muy lejos, no lo entiende. "Vivir en" se puede leer en esa clave. No digo que yo la lea, ni que vos la leas, pero me parece que, digamos...
Sandra: No, no, entiendo. Igual... No sé cómo ponerlo, porque mi problema de investigación surge porque me fui a vivir allí, y por todo mi bagaje de investigación y de militancia previa.
Mauro: Perfecto, pero eso vos lo podés tener en un capítulo, diciendo: "Mi problema de investigación comenzó cuando me fui a vivir al Delta y empecé a ver los problemas". Pero eso no tiene que ver la factibilidad, sino con cómo vos elegiste ese tema, ¿no?
Sandra: Entonces, vuelvo a la pregunta, porque conozco... (Fragmento observación Taller de tesis).

Ahora, podría pensarse que estos consejos son tardíos, dado que se supone que los estudiantes del segundo taller ya están avanzados en la tesis. ¿Es este el momento para pensar en la factibilidad y la relevancia? La respuesta es necesariamente afirmativa. No porque el segundo taller de tesis en sí mismo sea el momento para detenerse a pensar en la factibilidad y relevancia de una investigación, sino porque llevar adelante un trabajo científico no es un proceso lineal, sino más bien recurrente en el que suele volverse sobre los pasos andados para realizar modificaciones, y el taller es una instancia en la que se puede reflexionar sobre estos cambios y formalizarlos en la escritura. En términos pedagógico-didácticos, como señalan Brown y otros (1989), todo método que intente enseñar conceptos abstractos de forma independiente de la situación auténtica, ignora el modo en que se desarrolla el entendimiento. Es decir, los doctorandos en el segundo taller ya han realizado importantes avances en sus tesis y han progresado en su entendimiento sobre el tema, incluso quizás, modificado algunas ideas iniciales. Por ello, lo que pueden decir sobre la factibilidad de su investigación es distinto que al inicio de ella, y lo mismo sucede con las perspectivas teóricas que toman o dejan de lado para la construcción de su marco teórico. Al mismo tiempo, la experiencia de realizar la tesis los lleva a "vivir en carne propia" lo que estos conceptos y decisiones significan y, principalmente, pueden situarlos, contextualizarlos y por tanto comprenderlos más profundamente.

Pensamiento crítico y práctica de la tarea investigativa en los talleres de tesis

En los talleres, el foco está puesto tanto en la tarea como en la reflexión sobre ella. El aprender a partir de la realización de la tarea que propician los talleres de tesis no estaría completo si no existiera reflexión sobre lo que se hace, cómo se lo hace y por qué se lo hace (Schön, 1992). Se discute sobre el fin último de una tesis doctoral (en términos de aporte a la comunidad científica y de la sociedad), sobre la academia y sus normas, y sobre los criterios que debe cumplir una investigación científica. Pero, sobre todo, también se discute acerca de la tarea que se realizó para ese encuentro. Luego de la presentación del trabajo de cada uno, los estudiantes discuten sobre cómo resolvieron la actividad y los desafíos que enfrentó cada cual. Esta integración de la teoría y la práctica que tiene lugar en los talleres, recuerda a las encaradas por las comunidades de artesanos (como los antiguos alfareros) a las que, según Sennett (2010), no solo les interesa la solución de problemas sino también el intercambio sobre sus prácticas y el análisis de los errores como fuentes de nuevas posibilidades de reflexión y producción.

Una estrategia utilizada por los docentes para desarrollar la práctica investigativa y fomentar el pensamiento crítico es la modelización. En ocasiones, en los dos talleres, toman fragmentos de un texto (un trabajo de los alumnos), lo leen y comentan en voz alta. Así, al igual que los directores de tesis, modelan el modo de análisis y evaluación de una investigación. Como señala Litwin en referencia a la clase reflexiva: "Se trata de mostrar a los estudiantes los procesos del pensar característicos de las actuaciones expertas…" (1997: 85). Pero, además, introducen la perspectiva del evaluador, de los jurados de la tesis. Esto nos permite pensar que se produce un doble juego de la evaluación y comentario presente y de proyección de la evaluación futura que permite proponer (y realizar) cambios en el trabajo presentado y, al mismo tiempo, comenzar a introducir en el doctorando la lógica de la crítica externa del trabajo (representada en un primer momento por los jurados de la tesis, pero más adelante también por los referatos de las revistas científicas y evaluadores de subsidios).

Al hacer los comentarios a los trabajos y en la conducción de las discusiones, los docentes hacen aportes sobre la construcción del problema o la escritura de un trabajo concreto aportando la suficiente abstracción como para que sirva de ejemplo para todos los alumnos. De igual forma, establecen relaciones entre los problemas que enfrentan los distintos estudiantes para favorecer la transferencia entre las orientaciones dadas a cada uno.

En este sentido, pareciera que cuando hay proximidad temática entre los temas de investigación de los doctorandos, se posibilita una transferencia más directa entre el trabajo propio y el de los compañeros. Esta proximidad, además, facilita la participación de los estudiantes al tener mayor conocimiento sobre el tema de los otros. Cuando el tema es cercano al propio, opinan más y con mayor detalle. El grado de conocimiento de las perspectivas teóricas (y a veces del problema de investigación) del otro es mayor, y los aportes que cada uno realiza denotan ese conocimiento.

Contrariamente, cuando los temas no son comunes, durante las exposiciones de sus compañeros los alumnos que participan son muy pocos (mientras que varios cuchichean). Y, lo que es más relevante, los que participan preguntan mucho más para comprender la presentación del compañero que para comentar el trabajo, haciendo referencia explícita al desconocimiento del tema.

Interacción entre los participantes y el aprendizaje de la investigación

El ambiente de aprendizaje crítico de los talleres de tesis es potenciado por las interacciones entre los participantes. En la mayoría de los casos, según los entrevistados, logra crearse un ambiente de "camaradería" que favorece los intercambios al generarse la confianza tanto en mostrar los avances como en hacer y recibir comentarios. Así, por ejemplo, esta heterogeneidad de las cohortes enriquece la discusión dirigida como estrategia didáctica.

El papel activo del estudiante se expresa en su intervención en clase a través de preguntas, como en cualquier otro curso. Ellas refieren a una gran cantidad de temas: preguntas sobre el abordaje, marco teórico y diseño metodológico (solo en algunas ocasiones); preguntas sobre la escritura de la metodología, el modo de presentar datos, conceptos, etc. Una particularidad de las intervenciones de los estudiantes es que se refieren sus tesis para realizar preguntas a los docentes, explicitando el involucramiento personal con lo trabajado en el curso. Cuando el docente está explicando, incluso cuando se está comentando el trabajo de un par, con frecuencia los alumnos ponen su propia tesis como ejemplo o como objeto de consulta. Esto refuerza lo dicho al inicio de este capítulo sobre la dificultad de recurrir a una estrategia de alumno aprobante en los talleres de tesis. Necesariamente, los estudiantes están implicados en lo que se trabaja en cada encuentro. A continuación, presentamos un ejemplo de consulta y respuesta de aspectos concretos de construcción del texto.

> Ezequiel: Una pregunta. Esto que vos en tu ejemplo planteabas, que no me voy a pelear con los existencialistas; en esta introducción igual planteaste una definición en la que se plasma el problema desde el punto de vista esencialista, que son tal tema...
> Bernardo: Yo empecé por ahí, el principal cruce o el principal debate entre las distintas líneas de investigación, los distintos cruces de investigación que hay adentro de esta línea, de esta problemática es la que se da entre los esencialistas y llamémosle, constructivistas... No me acuerdo como les llamé (Fragmento observación).

Así como consultan a los docentes, los alumnos también preguntan a los compañeros que presentan sus trabajos. Son interrogantes sobre datos específicos de su objeto de estudio o sobre la consideración de otras alternativas al diseño metodológico o marco teórico propuesto. En este intercambio se originan oportunidades de aprendizaje en ambas direcciones, para el alumno que expone y para el que pregunta. Más allá de las características particulares que tome la presentación y discusión de los avances en la tesis, a través de esta estrategia

... el joven científico es equipado para construir un discurso científicamente interesante para su comunidad y llegar a ser legítimamente reconocido como miembro de una audiencia. Esto implica prepararse para ser evaluado por esta audiencia. En este sentido, los seminarios del doctorado vienen a ser un recurso formativo esencial, pues en su seno se analiza el trabajo realizado a la luz de las aportaciones de otros, los pares en el laboratorio y los expertos en la figura del jefe de laboratorio y a través de la bibliografía especializada (Carrasco Altamirano y Kent Serna, 2011: 1237).

Los autores omiten considerar el papel que desempeña la discusión de trabajos de terceros. Durante estos talleres los doctorandos ejercitan su rol de par evaluador. El intercambio que se genera entre el docente y los participantes de los cursos promueve la discusión y la evaluación del trabajo de los compañeros. Aquí de lo que se trata es de la práctica del rol del par evaluador, central en la academia. Así, uno de los principales aprendizajes en estos cursos es evaluar el trabajo ajeno en el rol de par.

El intercambio con todos los alumnos otorga las condiciones para generar un ambiente de aprendizaje crítico. Entre los compañeros, se originan conversaciones sobre herramientas para el análisis de datos, sobre programas informáticos de soporte a la investigación (como el *Zotero* o el *Atlas.ti*). Es decir, intercambian información y experiencias sobre el proceso de construcción de sus tesis. Pero, además, el clima que se genera entre todos ellos es el que puede permitir (u obstaculizar) la discusión y análisis crítico de los trabajos de cada uno. En las instancias de discusión dirigida promovidas por los docentes de los cursos, los pares ocupaban un lugar de evaluadores con sus comentarios. Además, tuvimos oportunidad de observar que los pares también empujan el pensamiento de sus compañeros:

Julián: ¿Te puedo hacer un comentario? Yo estuve cuando presentaste el trabajo 2, me parece, y me quedó la sensación de que el centro de la problemática que vos te planteabas era la inscripción territorial de las organizaciones sociales y alrededor de eso mirar la politicidad, y...
Micaela: ¿Y ahora me estoy yendo para otro lado?
Julián: No, no. Me parece que el tema de las organizaciones sociales quedó como acortado, no sé si no es el centro de la relación, ¿no? Como los dos cuadrados, los dos temas... es la relación entre organizaciones sociales, o no sé, quizás otro concepto, e inscripción territorial. Y a partir de ahí, se deriva el tema de las prácticas de politicidad. No sé si se entendió.
Micaela: Vos dirías que, en todo caso, las organizaciones sociales tendrían que estar en el marco de "el territorio y las organizaciones sociales".
Julián: Claro, como dos cuadrados que están en rela... Esa es la relación fundamental, ¿no? Y a partir de eso, vos te preguntás una serie de cuestiones más específicas, querés ver otros tipos de conflictos, prácticas de politicidad, ¿no? Ver los conflictos que [se originan] de las prácticas de politicidad. No sé si es así (Fragmento observación Taller de tesis).

Así, los pares intervienen para provocar la reflexión en sus compañeros. Al mismo tiempo, a lo largo de los encuentros son testigos (y a veces artífices) de pequeños cambios en la investigación de los otros alumnos. Estas modificaciones son ejemplos "vivenciales" del proceso de investigación, de los cambios que sufre y del modo en que el investigador a cargo reformula el proyecto y toma decisiones. Posiblemente, pueda transferir estas observaciones a su propia tesis.

Clima que promueve la construcción de la tesis

El clima que se genera en el aula influye en el tipo de ambiente de aprendizaje que se conforma y su posibilidad de contribuir a la construcción de la tesis. Como señala Bain (2007), es preciso que los estudiantes perciban que su trabajo será considerado imparcial y honestamente por los docentes y no se sientan amenazados al exponer sus avances. Como muestras de la intención de generar un buen clima de aula, los docentes de los talleres que observamos se sitúan en un lugar próximo al estudiante (incluso físicamente no ocupan el tradicional lugar enfrente del aula, sino que se sientan entre los estudiantes). Asimismo, tanto en los recreos como en tiempo de clase, se dan charlas distendidas sobre lo que es hacer una tesis. Esta proximidad permite que los estudiantes se sientan en un ambiente no amenazante para exponer sus trabajos y expresar sus ideas, sin temor al error. A continuación, un ejemplo de este tipo de aproximación de los docentes:

> Mauro [docente]: No, pero nos pasa a todos. Cuando uno ve los temas, empieza a ver "Leo sobre mi objeto empírico, sobre lo que estoy trabajando, sobre la discusión teórica más general...", y siente como... [Hace un gesto de como de estar abrumado].
> Sebastián: Y en el medio estás construyendo el objeto también, porque si lo tuvieras claro, es más fácil.
> Mauro: Y en el medio estás viviendo, además. [Risas]
> Sebastián: Bueno, sí. [Risas]. Bueno, pero si tenés claro el objeto, está '"Leo esto para esto", y lees ese capítulo. (Fragmento observación Taller de tesis).

También en ocasiones, cuando los profesores deben hacer críticas estructurales o importantes a un trabajo, primero resaltan lo positivo para terminar dando el veredicto negativo. De este modo, se potencia el sentimiento de confianza del doctorando en las posibilidades de realizar un buen trabajo y en que su esfuerzo y trabajo sea reconocido. Esto potencia un clima de aula promotor del trabajo en la tesis.

En contraste con lo anterior, necesariamente estos talleres están atravesados por la lógica institucional de la acreditación, al ser seminarios obligatorios del doctorado.

Esto genera una tensión entre el tiempo estipulado para el espacio curricular y el tiempo de pensamiento que requiere la construcción del trabajo final del taller. Sin lugar a dudas, el modo de resolución de esta tensión puede favorecer u obstaculizar la generación de un clima de clase que promueva el aprendizaje de la investigación. Esta tensión se resuelve tratando de respetar el proceso de pensamiento; por ejemplo, postergando la presentación del trabajo final varias semanas (incluso algunos meses) y conviniendo la fecha de entrega con los estudiantes. Esto permite que los doctorandos terminen de cursar con aspectos sin cerrar de sus proyectos respetando su proceso de investigación, aunque en algún momento deban enfrentarse a la lógica institucional de la acreditación. En el cierre de uno de los talleres, ante el pedido del profesor de hacer una reflexión sobre el camino transitado, una alumna dice:

> Margarita: Bueno, a mí me sirvió… En realidad, yo me di cuenta de que mi propuesta metodológica no tiene mucha relación con mi problema de investigación, básicamente. Entonces, tengo que pensar si voy a trabajar con relatos de vida o entrevistas puntuales o, tal vez, [hacer] un trabajo etnográfico de participar en actividades, que no sea una entrevista con grabador, sino tal vez participar de actividades de institución. Entonces, bueno, más que nada me estoy replanteando eso, si la… Como que la propuesta metodológica por ahí no tenía relación con el problema, con lo que me interesaba indagar. Así que bueno, me voy con eso, con ese problema para resolver. (Fragmento observación Taller de tesis).

Esta doctoranda deja el taller con cuestiones por resolver sobre su proyecto. Pero lo importante es que los sucesivos encuentros le permitieron explicitar esta problemática y comenzar a reflexionar sobre vías para darle curso a su investigación. Es decir, el espacio del taller brinda las condiciones para volver sobre lo realizado hasta ese momento en la investigación y analizar críticamente los posibles caminos a seguir en un contexto controlado y poco amenazante.

¿Siempre un clima apropiado para la construcción de conocimiento?

A pesar del potencial que tienen los talleres como espacios curriculares que colaboran en la construcción de la tesis, es preciso tener en cuenta que no todos pueden ser definidos como ambientes de aprendizaje crítico ni todos los estudiantes están dispuestos a jugar con las reglas planteadas por los docentes. En este apartado, analizaremos las condiciones bajo las cuales estos cursos pueden no crear un ambiente de aprendizaje propicio.

Como dijimos anteriormente, en toda instancia formativa puede existir una tensión entre ser un alumno aprobante o un alumno aprendiente (Brailovsky y Menchón, 2013). Si bien ambas preocupaciones son legítimas, la primera *debilita la intencionalidad formativa* tanto en el estudiante como en el docente. Por ejemplo, en uno de los talleres, el docente claramente promueve un posicionamiento desde una lógica "aprobante" no solo respecto del taller, sino de los requisitos del doctorado.

> Bernardo: Este es un espacio de acreditación. Porque si no vienen, no hacen las tareas y no aprueban a mi satisfacción lo que tiene que tener el plan de trabajo, se van a tener que quedar acá y, si se quedan acá, no pueden seguir avanzando. Entonces, tienen que aprovecharlo. (Fragmento observación taller de tesis).

En este ejemplo, la lógica "aprobante" permea la función del docente, que se posiciona en un rol certificante. O sea, el docente marca la importancia, casi principal, de la aprobación del taller para poder seguir avanzando en su investigación y, casi como una cuestión secundaria, aprovechar esta instancia para reflexionar y trabajar sobre los proyectos de tesis individuales. En otras ocasiones, el docente también fomenta en los estudiantes la lógica de la aprobación al decirles que su objetivo es que su proyecto de tesis sea aprobado por el programa doctoral, independientemente de si este ha sido ya aprobado por otra institución (como el CONICET), y no volver a reflexionar sobre él con miras a mejorarlo.

Lo mismo sucede con los estudiantes. Aunque en un doctorado se esperaría de estos un posicionamiento en la lógica de alumno aprendiente, en todos los cursos algunos de los estudiantes manifestaron en conversaciones informales que, presionados por el tipo de devoluciones recibidas y por las fechas de entrega, habían hecho un proyecto de tesis paralelo con el solo objeto de aprobar el taller con la conciencia de que esa no sería la investigación que llevarían a cabo. En ocasiones, la omnipresencia de la lógica de la evaluación es la que promueve que el alumno se posicione como aprobante.

La intención formativa también se ve atenuada por la tensión entre la definición del doctorando como un estudiante autónomo (Jackson, 2002) o, desde su condición de alumno, como un joven que todavía requiere de la orientación y guía de alguien con mayor *expertise*. Es una tensión entre la definición que el docente hace del doctorando y la de este sobre sí mismo. En uno de los talleres de tesis, fue claro que el profesor los percibe como autónomos, pero que ellos en más de una ocasión explicitaron la necesidad de orientación. Además de descartar preguntas por considerarlas fuera de lugar en un doctorado, este docente solía estructurar sus clases con una primera exposición sobre el tema principal de la consigna que los estudiantes tenían que realizar para ese día. Por ejemplo, el encuentro para el que los doctorandos tenían que escribir el modo de abordaje comenzaba con una pequeña exposición sobre el tema. Ahora, si identificar el contenido del apartado "modo de abordaje" es parte de lo que tiene que hacer el alumno para esa clase, ¿cuál es el sentido de tratarlo el mismo día que tienen que entregarlo y no en el encuentro anterior de modo que les sirva de insumo? Evidentemente, define al doctorando como un estudiante autónomo, pero la sola existencia de preguntas por parte de los estudiantes denota que este necesita la orientación del docente para poder resolver la actividad.

Finalmente, desde la perspectiva del docente, otro debilitante de la intencionalidad formativa puede ser el ubicarse en el rol de *gatekeeper* de la comunidad académica, dado el lugar que estos tienen dentro del programa doctoral. Por ejemplo, en uno de los talleres de tesis el profesor indica a una de las estudiantes que su problema estaba mal construido, al punto de llegar a decir: "No veo un tema de tesis allí". Es decir, el profesor percibe que la alumna no es capaz de formular un problema de investigación, una de las competencias básicas de un doctor. Este tipo de comentarios sobre el trabajo de la estudiante se mantuvo durante los primeros tres encuentros, con el resultado que, al cuarto encuentro, abandonó el taller.

En definitiva, lo que se observa en el caso anterior es la existencia e influencia de relaciones de poder (Contu y Willmott, 2003; Hughes, Jewson y Unwin, 2007; Owen-Pugh, 2007) que pueden favorecer u obstaculizar el desarrollo de y la continuación en el doctorado. Los alumnos pueden generar estrategias para enfrentar estas relaciones de poder, por ejemplo, cuando se posicionan en un rol aprobante. Mientras tanto, los docentes pueden ejercer su función de *gatekeepers* de la comunidad.

La segunda de las condiciones que impide la generación de un ambiente de aprendizaje crítico son los *limitantes a la intervención de los doctorandos*. En uno de los talleres de tesis, la discusión no es promovida, asumiendo el docente el papel central. Al momento de analizar los trabajos de los alumnos, siempre leía el docente, y nunca el texto en su totalidad (incluso a veces las oraciones quedaban incompletas). De este modo, la intervención de los alumnos está limitada. De hecho, ni siquiera podrían comprender cabalmente el sentido de los comentarios y correcciones del docente a un trabajo particular. Solo en ocasiones, también da lugar a la discusión entre alumnos, siempre ejerciendo un rol protagónico.

El docente justifica su modo de organizar la clase manifestando: "… hago las devoluciones públicas porque parto del supuesto de que todo lo que yo le diga a cada uno de ustedes le va a servir al resto." Pero ¿es lo mismo que los alumnos escuchen los comentarios a que traten de hacerlos? No. La operación cognitiva en una y otra opción es distinta. En la primera, se coloca a los doctorandos en un papel pasivo mientras en la segunda, pasan a uno activo que les permite ponerse en el rol de evaluadores. Esto "… compromete a los estudiantes en alguna actividad intelectual de orden superior: los anima a comparar, aplicar, evaluar, analizar y sintetizar, pero nunca solo a escuchar y recordar." (Bain, 2007: 117).

En una ocasión, uno de los estudiantes propuso realizar una revisión entre pares de los trabajos. Este pedido no tuvo mayores repercusiones. Aunque el docente manifestó considerarlo y estar abierto a la modificación, en las clases siguientes no se hizo alusión al cambio. Entonces, ¿es un clima y modo de trabajo apropiado para la construcción de conocimiento? Es difícil. Pero, de nuevo, probablemente el objetivo del docente de este taller sea más "pragmático": que los doctorandos al fin del taller presenten un proyecto de investigación que cumpla con los requisitos formales del programa doctoral, y no tanto que definan su problema de investigación ni recorten el objeto ni diseñen la estrategia metodológica.

Así como el clima del aula puede potenciar la construcción de la tesis, también puede ser un limitante de la participación dentro del taller. Durante las primeras clases de uno de los talleres, el clima generado por el docente no propiciaba un ambiente de aprendizaje participativo.

> Bernardo: Bueno, acá, digamos que ya tenemos problemas con la presentación. Pero también, esto ni lo voy a leer, eh. [Se lo dice a Martín que se estaba acercando al escritorio de Bernardo con una hoja manuscrita con el trabajo]. Así no se presenta un trabajo. Las reglas son las reglas...
> Martín: Bueno, pero para saber cuáles son esas reglas.
> Bernardo: Son las reglas de cualquier doctorado, de cualquier universidad muchacho, ¿eh? Bueno, ya les dije que no me los manden por *mail*, ni los leo, los borro automáticamente. Son las reglas, tienen que aprender a seguir las reglas. Si no, no es obligatorio hacer el doctorado. (Fragmento observación taller de tesis).

Parece dudoso que las reglas sean universales y que el alumno pueda saber *a priori* cuáles son las definidas por el profesor, sobre todo si consideramos la famosa frase "Cada maestro con su librito". Dejando de lado los refranes, los talleres observados muestran diversas modalidades de trabajo. En otro de los cursos, las entregas son por correo electrónico. Sea que el profesor deba o no indicar las normas de entrega que él establece, sea que el alumno esté fuera de lugar al entregar un trabajo manuscrito, el rechazo a recibirlo, y sobre todo el posterior rechazo a explicitar las reglas, generan un clima poco adecuado para el aprendizaje.

La última de las condiciones que puede impedir que este tipo de cursos se constituyan en un ambiente de aprendizaje crítico natural es la no coincidencia entre la propuesta del taller y el proceso formativo del doctorando. Así como se dice que la historia la hacen aquellos que están en el momento justo en el lugar indicado, lo mismo sucede con los talleres de tesis. Para que el trabajo que proponen estos cursos logre el efecto buscado en el proceso de desarrollo de la tesis, parece necesario que coincidan la etapa en el proceso de investigación (los problemas que los alumnos se están planteando) con las tareas que el taller les propone realizar o, por lo menos, que están en condiciones de poder resolver. Es decir, depende del momento en que el doctorando está realizando el curso, el acopio que pueda hacer de los contenidos trabajados para nutrir su investigación.

El curso de diseño experimental

En el área de las Ciencias Biológicas, los talleres de tesis y cursos de metodología de la investigación no son moneda corriente; más bien, son una peculiaridad representada por cursos de estadística o programas informáticos de análisis de datos y, en los últimos años, talleres de escritura científica. En el caso que analizamos, el curso de diseño experimental es optativo y se centra en el análisis del diseño experimental propuesto en las tesis de los estudiantes.

Entre este curso y los talleres de tesis se puede establecer una serie de puntos comunes. El primero de ellos, los objetivos que persigue son los mismos que los de los talleres de tesis, pero con más hincapié en brindar contenidos y orientaciones metodológicas. Este curso tiene explícitamente el objetivo de impartir contenidos de epistemología y metodología de la investigación. Esto se debe a que los docentes consideran que la carrera de grado no prepara suficientemente a los estudiantes en estos núcleos conceptuales; y luego se descansa en el aprendizaje en la práctica de los equipos de investigación que, según estos docentes, muchas veces carece de la reflexión necesaria.

Para alcanzar estos objetivos, el seminario de diseño experimental utiliza tres tipos de estrategias de enseñanza: exposiciones dialogadas sobre epistemología, trabajo en pequeños grupos (para el análisis del diseño experimental de un artículo científico, seguido por la discusión colectiva sobre ese diseño), y guías de trabajo (para el análisis del diseño experimental de cada estudiante, con posterior discusión grupal). El método general de trabajo consiste en analizar el diseño metodológico de investigaciones publicadas para, luego, transferir el modelo de análisis a sus tesis. Y cada una de las estrategias está orientada a ese análisis.

La propuesta de trabajo de este curso también permite la generación de un ambiente de aprendizaje crítico que puede ser un puente entre el aprendizaje escolarizado y la práctica académica. Al centrar su propuesta en el análisis de artículos científicos y en los propios diseños de investigación de los estudiantes, los docentes crean las condiciones para que los doctorandos se enfrenten a problemas importantes, atractivos y a tareas auténticas que son las condiciones que Bain (2007) plantea para los ambientes de aprendizaje crítico. El curso de diseño experimental es un espacio en el que los doctorandos pueden aprender a hacer investigación, observar a otros hacerlo y experimentar en un contexto controlado. Según los docentes, en la actividad del laboratorio no siempre hay espacio para este tipo de formación. Por este motivo, se proponen formar a los doctorandos en nociones de epistemología y diseño experimental para que puedan analizar críticamente su investigación.

Para generar un ambiente de aprendizaje crítico, en ocasiones los docentes recurren a la exposición como estrategia didáctica. Esto ocurre cuando, al hacer uso de la exposición dialogada, abren el juego para la intervención de los estudiantes con preguntas que llevan a la reflexión, y lo potencian esperando que respondan, y sin dar una respuesta conclusiva hasta que haya varios intentos por parte de los estudiantes. A continuación un ejemplo:

> Marcela[24]: ¿Por qué hiciste pseudorréplicas?
> Sabrina: Y, porque no es independiente el valor de una…
> Jorge: Pero ¿vos no dijiste que lo ibas a promediar? Me perdí en la presentación.
> Sabrina: Está bien, lo promedié porque es lo estadísticamente correcto. Me parece…
> Jorge: Ahora, vos lo promediaste. ¿Cuántas muestras tenés entonces?
> Sabrina: Una.
> Javier: ¿Y cuántas muestras totales tenés?
> Sabrina: Cinco.
> Jorge: ¿Y entonces, cuáles son las pseudorréplicas?
> Sabrina: Bueno, está bien. Para mí, los dos ensayos, pero está bien.
> Jorge: Acuérdense de que pseudorréplica queda definido después, cuando con las muestras que tienen, que fueron tomadas bajo el mismo diseño, se analizan bien o se analizan mal. Si vos hacés dos mediciones sobre cada una de las ramas pero promedias, vos tenés dos muestras ahí, pero no las estás tomando como unidades experimentales diferentes a esas dos muestras. Después las promedias, usas una sola; por lo tanto, tenés dos muestras, pero la unidad experimental sigue siendo la rama. (Fragmento observación curso diseño experimental).

---

[24] En las transcripciones de las observaciones de este curso, Marcela, Damián y Jorge son los docentes.

Así como sucede en los talleres de tesis, aquí también los docentes se preocupan por formar a los estudiantes en las normas del lenguaje académico, que colabora con la conformación del curso como puente entre la práctica de la investigación y el aprendizaje escolarizado.

> Damián: Lo más adecuado sería hablar de variable explicativa. Vos tenés tu variable respuesta que es si está ocupado o no, entonces lo vas a expresar como proporción de trampa ocupada. No sé, pero dado que no hay ninguna manipulación, sería más correcto...
> Héctor: Claro, por eso decía, yo podría en el laboratorio...
> Jorge: Aun cuando sea observacional, vos podés definir una relación desigual: yo creo que esta es la variable explicativa y esta es la variable respuesta.
> Héctor: No, sí, estaba mal utilizada. Yo me guié más que nada con la... (Fragmento observación curso diseño experimental).

Estos pedidos de mayor precisión son técnicas que modelan paulatina y progresivamente el discurso académico característico del grupo disciplinar que cumple con los requisitos científicos. Así modelan el trabajo académico; son ejemplos de modos de desarrollar y ejecutar la actividad. Asimismo, en el curso los estudiantes profundizaron sus conocimientos sobre tipos textuales propios de la academia (proyecto de tesis, la tesis), las técnicas de investigación, vivenciaron algunos de sus roles y comenzaron a conocer más profundamente los otros que existen (jurado de tesis, expositores y comentaristas en los congresos, par evaluador de una revista científica). Es decir, las estrategias didácticas puestas en juego por los docentes y las temáticas abordadas también son un factor en la construcción de dicho puente.

Finalmente, en este curso también aparecen limitantes a la generación de un ambiente de aprendizaje crítico potenciador de la construcción de la tesis. Además de los presentados anteriormente para los talleres de tesis, podemos identificar dos propios de las condiciones en las que fue dictado este curso. El primero de ellos es la *cantidad de doctorandos en el aula*. En un curso que superaba los treinta estudiantes, las oportunidades de participación de cada uno eran reducidas. Además, la diversidad de temas de investigación iba en detrimento del interés de cada uno por las tesis de pares. Excepto por un número reducido de estudiantes, raramente los doctorandos comentaban y criticaban el trabajo de otros compañeros.

Otro de los limitantes a la intervención de los doctorandos proviene de la propia actitud de reticencia de ellos. Algunos manifestaron incomodidad con la corrección y poca tolerancia a recibir comentarios fuera de aquellos de los docentes o de sus compañeros. Actitudes de este tipo las vimos también en los talleres. Ellas nos permiten pensar que, independientemente de la variedad de climas y estilos docentes, también existen características intrínsecas de los alumnos que socavan la intervención en clase.

> Patricia: Bueno, eh, yo no pretendo convencer a nadie con lo que voy a presentar acá... Así que bueno, la pregunta que yo intento responder es: ¿Cuál es el efecto de la introducción de cebo sobre una población de [mención del animal]? Y la hipótesis que tengo para contestarlo es que el cebo está funcionando como subsidio de la población. (Fragmento observación curso diseño experimental).

En síntesis, el curso de diseño experimental, si bien único y excepcional, se plantea como un espacio formativo complementario a la dirección de tesis y la vida en el laboratorio, que brinda a los doctorandos experiencias de aprendizaje distintas. En un grupo disciplinar en el que el aprendizaje de la investigación y de lo que implica ser un académico se realiza en la práctica, este grupo otorga la posibilidad de reflexionar sobre las decisiones metodológicas realizadas y sus implicancias epistemológicas. Paralelamente, las similitudes encontradas con los talleres de tesis nos permiten pensar en necesidades comunes de los doctorandos para el aprendizaje de la investigación con cierta independencia del grupo disciplinar al que pertenecen.

Los talleres y cursos en relación al resto del trayecto formativo

Los talleres y cursos son parte del trayecto formativo doctoral, son un espacio alternativo a la dirección de tesis. Los estudiantes, además de hacer su proyecto de investigación en una relación diádica o en el marco del equipo de investigación con su director de tesis, cuentan con las orientaciones del profesor del taller o curso. O sea, el mismo programa doctoral propone espacios curriculares especialmente destinados a que se trabaje en la construcción de la tesis.

La interacción entre los dos espacios generalmente ocurre sin mayores dificultades, pero en ocasiones no es así. Por ejemplo, algunos graduados y estudiantes de los talleres manifestaron mantener dos versiones del proyecto en paralelo: una que trabajan con el director —y que será lo que finalmente hagan—, y otra que realizan según las indicaciones del curso orientado a la construcción de la tesis. Así, son frecuentes las contradicciones entre los comentarios recibidos en los talleres y las orientaciones brindadas por el director, lo que deja al alumno en la difícil tarea de decidir hacia cuál de las dos posibilidades dirigir su investigación (a riesgo de que la relación con alguno de ellos eventualmente se resienta).

5

Espacios formativos
no contemplados por los doctorados

La participación en la academia como fuente de aprendizajes

En los capítulos anteriores, analizamos las prácticas formativas en los dos espacios considerados centrales por los programas doctorales y por la literatura: la dirección de tesis y los talleres de tesis. En este capítulo, analizaremos instancias de participación en la academia que, sin ser contempladas formalmente por el programa doctoral, son una parte constitutiva del proceso formativo de los doctores y fuente de oportunidades de aprendizaje. Para el desarrollo y análisis de estas modalidades de aprendizaje, durante este capítulo, partiremos de la premisa de que la formación de investigadores sigue siendo el principal objetivo de los programas doctorales y, a partir de ella, profundizaremos en las prácticas que se desarrollan para formarlos. Los primeros apartados se centrarán en la experiencia de los doctorandos que se insertan en equipos de investigación (que no representan a la totalidad, ni a una mayoría), luego abordaremos temáticas como el trabajo entre pares, que representa experiencias más fácilmente extendidas entre los doctorandos.

Las actividades múltiples, las diversas circunstancias y los distintos actores dejan una huella fundamental que es preciso tener en cuenta para comprender cómo tiene lugar el conocer (Lave, 2001). A lo largo de todo el trayecto doctoral, los tesistas participan de distintas experiencias que pueden convertirse en una ocasión de aprendizaje, que enriquecen su formación doctoral y les brindan la oportunidad de aprender en la ejecución de la práctica de la investigación.

Para el análisis de estas prácticas formativas, introduciremos algunos conceptos teóricos. El aprendizaje como participación es un proceso de enculturación en una práctica social específica (Barab y otros, 2002; Brown y otros, 1989). Uno de los elementos esenciales del aprendizaje como participación es que para alcanzarlo los aprendices se involucran en actividades socialmente significativas, aprenden en contextos reales (no simulados) y en actividades centrales para la práctica social en la que se están insertando. Otro elemento esencial de este tipo de aprendizaje es que estas actividades se realizan en interacción con otros miembros más avanzados o de igual nivel de *expertise*, lo que hace que las relaciones horizontales adquieran especial importancia (Fuller y otros, 2005).

El potencial de aprendizaje no está sujeto al acceso que el aprendiz tenga a efectivamente realizar las distintas actividades de la práctica social, sino que también como observador de las tareas puede aprender de ellas. Es este "horizonte de observación" el que proporciona la posibilidad de aprender de las actividades que realizan otros miembros (Hutchins, 2001). Estos componentes del aprendizaje como participación se ven reflejados en todas las instancias que recorren los tesistas durante su trayecto doctoral.

La participación en un equipo de investigación: fuente de aprendizajes

La vida en el laboratorio, parafraseando el título del ya clásico texto de Latour, es bien distinta de "la vida" en los equipos de investigación de Ciencias Sociales, principalmente porque en estos últimos rara vez existe un lugar de trabajo al que se asista cotidianamente (por lo menos en Argentina). De ahí las comillas utilizadas. Esta diferencia implica modos disímiles de organización de la tarea, de interacción entre los miembros y, así también, de formación de los doctorandos, lo que proporciona distintas oportunidades de aprendizaje.

El trabajo en el equipo de investigación y aprendizaje

Los miembros nuevos de los equipos de investigación emprenden su participación comenzando por las actividades más sencillas y periféricas de la práctica social. Estas actividades son una ocasión de aprendizaje de la tarea investigativa. Ahora bien, ¿cuáles son estas tareas periféricas? Las principales son las relacionadas directamente con la producción y difusión de conocimiento científico (ejecución de experimentos o prueba de guías de entrevistas diseñados por otros, carga de datos en programas informáticos, realización y transcripción de observaciones, búsquedas bibliográficas, elaboración de estados del arte, mantenimiento del funcionamiento correcto de los equipamientos, participación en eventos académicos, presentación de posters y ponencias), y otras tantas orientadas a la gestión de un equipo de investigación (colaboración en el mantenimiento de los equipos, compra de insumos, participación en la escritura de las solicitudes de subsidios, la elaboración de la agenda de trabajo, entre otras).

Las tareas periféricas directamente relacionadas con la producción de conocimiento son el comienzo de la formación de los investigadores en ambos programas. En Ciencias Biológicas se realizan principalmente durante los últimos años del grado y, luego, en el doctorado, continúan por las técnicas de laboratorio o de recolección de información en el tema de su tesis, progresivamente con mayor nivel de dificultad. Para sortear las dificultades que pueden enfrentarse en la realización de estas tareas, los tesistas utilizan principalmente tres prácticas de aprendizaje: ensayo y error, lectura autónoma de artículos y consulta a miembros más avanzados del equipo. A lo largo de todo este proceso de intentos y reformulaciones, el aprendizaje ocurre porque:

> ... hay una tensión entre el conocimiento y lo que se va experimentando al actuar. El conocimiento, tal como se halla organizado para realizar determinada tarea, nunca puede ser lo suficientemente detallado, lo suficientemente preciso como para anticipar con exactitud las condiciones o los resultados de las acciones. [...] Por lo tanto, el conocimiento es constantemente perfeccionado, enriquecido o revisado por la experiencia mientras la acción externa se adapta a las contingencias físicas imprevistas o a ciertos detalles de la actividad en los que no se había pensado anticipadamente. (Keller y Keller, 2001: 143).

El ensayo y error no es simplemente una sucesión de pruebas y correcciones irreflexivas, sino una actividad cognitiva que permite reformular las hipótesis planteadas en un primer momento. Además, se nutre de las otras dos estrategias: la lectura y la consulta a otros. Mediante la lectura, se indagan diseños experimentales similares a los propios y se analizan cuáles fueron las condiciones (cantidad empleada de una solución, tiempo de exposición a un estímulo, etc.). Por medio de la consulta a algún miembro del equipo con más experiencia, los doctorandos exponen su problema y tratan de encontrar una solución apoyándose en los conocimientos del otro. Al analizar junto con otros las fallas de un experimento, el tesista aclara dudas de forma inmediata, puede llegar a nuevas conceptualizaciones y desarrollar el pensamiento crítico (Eggen y Kauchak, 1996). Esta práctica es equivalente a la estrategia puesta en juego por el director: discusión oral de avances (presentada en el capítulo 3). La combinación de las tres prácticas mencionadas permite que en el próximo ensayo el doctorando tenga otras herramientas para hacer frente a su tarea, como puede ser diseñar un experimento y, principalmente, profundizar su conocimiento.

Este proceso de aprendizaje también ocurre en Ciencias Sociales. Si, en lugar de pensar en un experimento, pensamos en una guía de entrevista o en una guía de observación, encontramos el uso de las mismas estrategias. En algunas reuniones de equipo que observamos, estas estrategias eran puestas en acto en la codificación de entrevistas de un proyecto colectivo. Un ejemplo se muestra en esta nota de campo:

> Mientras trabajan en pequeños grupos, cada uno con una entrevista, hay intervenciones de Sergio diciendo que deben agregar algún nuevo código, por ejemplo: "sentimientos". A los minutos, él y su compañera preguntan cómo codifican cuando se está hablando de un *mail*, porque entra en juego la virtualidad. La miran a Mónica, y hacen el comentario de que es la tecnológica del grupo. Ella dice cómo lo codificaría. Aclara que es un escenario virtual, pero que no deja de ser un escenario (Fragmento observación equipo sociales).

Otra línea de tareas propias del equipo de investigación es la relacionada con su gestión, como pedir presupuestos para los insumos que necesitan y gestionar su compra, organizar las reuniones de equipo, participar en el pedido de subsidios, encargarse del funcionamiento correcto de algún artefacto (como el *freezer*), entre otras. Estas les brindan la posibilidad de ejercer y observar la ejecución de distintas aristas de la dirección de un equipo. En Ciencias Biológicas, desde el inicio los tesistas se involucran en este tipo de actividades que los forman en la conducción de un equipo de investigación. Algunas de estas actividades, como encargarse del cuidado de los distintos artefactos, vienen dadas por la cotidianeidad en el lugar de trabajo e impregnan la experiencia del tesista de la lógica de la dirección de un equipo de investigación.

La posibilidad real depende de la concepción del director sobre la conducción de su equipo y, por supuesto, sobre la formación de investigadores (o académicos en general). Uno de los directores justificó por qué este tipo de actividades no debe realizarse durante el doctorado:

> Entrevistador: Usted antes me mencionó la cantidad de tareas que implica ser un investigador como, por ejemplo, el pedido de subsidios. ¿Los becarios participan de ellas?
> Roberto: No, no. Un becario... yo no puedo poner a un tesista a que ocupe su tiempo en redactar un pedido de subsidio, no es su función específica, no le aporta ninguna cosa a la función. Yo me negaría totalmente a eso. (Entrevista director Roberto Ledesma, Ciencias Biológicas).

La postura de Roberto es compatible con la de un director que tiene como meta principal la graduación de sus tesistas y, de hecho, hasta se podría argumentar que es lo que los organismos de financiamiento esperan de sus becarios: la dedicación total al doctorado. Una definición que no incluye la socialización académica como parte de la formación doctoral. Podría pensarse que estas restricciones mejoran las probabilidades de graduación. Sin embargo, otra lectura nos permite ver que si no se expone a los doctorandos a esas actividades, se les limitan las posibilidades de aprendizaje del rol de un académico. Después de todo, estamos hablando de Ciencias Biológicas, una disciplina en la que no se concibe que existan posibilidades laborales por fuera de la academia. La ventaja que otorga la cotidianeidad en el lugar de trabajo consiste en que, aunque el tesista no participe de las actividades directamente, sí observa a su director ejecutarlas. Así, la conducción de un equipo de investigación se encuentra dentro del horizonte de observación del tesista.

Por otro lado, en Ciencias Sociales los tesistas que forman parte de un equipo de investigación tienen la oportunidad de involucrarse en varias actividades propias del académico, no solo en la conducción de un equipo. En este caso, las posibilidades de realización de las tareas relativas a la organización de la actividad investigativa del equipo y la observación del director mientras las ejecuta son menores, dada la modalidad de trabajo típica en Ciencias Sociales.

Otro tipo de actividades como las de extensión y transferencia o la organización de jornadas científicas son menos frecuentes en el trayecto formativo doctoral. En Ciencias Biológicas, ninguno de nuestros entrevistados informó haber participado de alguna de ellas durante su doctorado. Suelen estar reservadas para los miembros más antiguos de los grupos de investigación. Contrariamente, en Ciencias Sociales tienen con mayor frecuencia la oportunidad de poner en práctica estas funciones del académico. Varios de los tesistas que entrevistamos participaron de la organización de jornadas científicas, de la moderación de mesas en congresos, de la presentación de proyectos a subsidios y de actividades de transferencia. Por ejemplo:

> ... nosotros participamos de todos los procesos, de hacer los proyectos, de rendir cuentas, de... No sé, como que siempre [la directora] nos dio formación en todo. Entonces... eso me parece que estuvo bueno, como que hacíamos todas las tareas juntas. Entonces, no sé, por ejemplo, rendir cuentas, elaborar el proyecto, hacer informes... O sea, como que nos enseñó todo. (Entrevista tesista Pilar Buzzeo, Ciencias Sociales).

> Ellos [los miembros del equipo] están aprendiendo cosas relacionadas con la organización de la mesa, de lo que implica preparar el *abstract*, recibir las propuestas, evaluar esas propuestas, devolverlas, armar esas mesas, designar comentaristas, lo están haciendo en parte ellos. (Entrevista director Paolo Mangani, Ciencias Sociales).

Los relatos de Pilar y Paolo nos permiten pensar que la experiencia de los tesistas de Ciencias Sociales es más extensa que la de sus contrapartes de las Ciencias Biológicas en cuanto a las tareas del investigador, al involucrarse activamente en una mayor cantidad de tareas. Se podría decir que los primeros reciben una formación mayor en la tarea investigativa por ser miembros de un equipo mientras los segundos se forman más en lo que hace a la conducción de un equipo de investigación.

La realización de estas actividades, además de brindar oportunidades de aprender la tarea específica de la investigación, también permite aprender a realizar las actividades propias del académico, como la dirección de un equipo de investigación, la gestión de un proyecto, participación en actividades de extensión y transferencia, la puesta en juego de otros roles (comentarista en un congreso), entre otros (Kennedy, 1997). La participación en un equipo de investigación tiene el potencial de abrir una multiplicidad de oportunidades a los tesistas de involucrarse en otro tipo de actividades científicas. A medida que avanzan en su trayecto formativo como doctores dejan algunas de las tareas con las que se iniciaron para dedicarse a otras más significativas para el equipo. Este pasaje es claro en el caso de Ciencias Biológicas donde, por un lado, al principio suelen colaborar con las investigaciones de otros (y años más tarde ellos mismos cuentan con la colaboración de nuevos miembros del equipo) y, por el otro, como dijimos, algunas actividades les están casi vedadas, como participar en la escritura de pedidos de subsidios. Por su parte, en Ciencias Sociales también este pasaje se realiza más rápidamente ya que se asume una mayor variedad de tareas más temprano, como vimos en los relatos de Paula y Paolo.

Reuniones de equipo y aprendizaje

Muchas de las actividades que señalamos en el apartado anterior y que señalaremos a lo largo del capítulo tienen lugar durante las reuniones de los equipos, pero aquí nos detendremos exclusivamente en las discusiones e intercambios entre los miembros que tienen lugar durante estos encuentros. Acorde con Carrasco y Kent, el aprendizaje sucede "… cuando el joven investigador es directamente interpelado o cuando escucha y reflexiona sobre las conversaciones sostenidas con otros investigadores" (2011: 1235). En los encuentros del equipo de investigación, los intercambios entre los miembros interpelan al tesista en formación. Ya sea que se esté discutiendo la estrategia metodológica de un proyecto común, leyendo un artículo o discutiendo los avances de uno de los miembros, cada participante tiene la oportunidad de exponer sus opiniones y argumentos y de escuchar los de otros.

Por supuesto que las reuniones toman características distintas según cada equipo de investigación. En Ciencias Biológicas, observamos los seminarios internos de investigación, similares a los *Journal Club* que Golde (2007) identifica como una *signature pedagogy* (pedagogía de firma) de las Ciencias Biológicas. Durante el transcurso de los encuentros, el director siempre se ponía en un segundo plano permitiendo el intercambio entre los miembros y demorando en dar su opinión o datos para dirimir la discusión. La retroalimentación de los distintos miembros del equipo puede ayudar a quienes exponen su trabajo a mejorarlo (Golde, 2007).

Sin embargo, ante problemas en el proyecto que se estaba presentando, la actitud del director cambia. En los pocos casos en que presenciamos que la investigación en exposición planteaba dificultades, el director asumía claramente el rol de enseñante, de conocedor principal del tema y limitaba el espacio para la discusión del resto del equipo. Si bien existen intercambios entre los miembros, el director parece más preocupado por "corregir" los errores de diseño metodológico y de interpretación de los datos de la investigación presentada. En algunas reuniones, pudimos observar que cuando el director ya conocía los resultados de la investigación expuesta y eran resultados que presentaban problemas, cambiaba su estrategia de intervención por una un poco más directiva. Pero, además, cerraba las reuniones resaltando los aspectos positivos de la investigación presentada, como por ejemplo que los resultados negativos les abren más preguntas de investigación, motivando a los miembros que presentaron a seguir trabajando y ofreciendo a todos los miembros una actitud positiva ante los resultados desalentadores de una investigación. Así, el director crea un balance entre la crítica (y corrección) del trabajo presentado y el ánimo necesario para continuar la tarea (Manathunga, 2005). Balance que es imprescindible en la formación del doctor.

En Ciencias Sociales parece haber mayor variedad en la dinámica que asumen las reuniones y en las actividades que en ellas se realizan. Los encuentros pueden dedicarse a la lectura de artículos, la discusión de la investigación de alguno de los miembros o el trabajo conjunto en un proyecto común. A diferencia del equipo de Ciencias Biológicas, en estos casos el director toma la posición de conducción de la reunión y de quien dice la última palabra en las discusiones.

Una cosa parece clara, la labor en las reuniones de los equipos, cuando discuten avances, tiene similitudes con los talleres de tesis. La diferencia central es que el grado de conocimiento del problema de investigación del otro es mucho mayor por pertenecer todos al mismo equipo y, por lo tanto, los aportes que cada uno realiza denotan conocimiento del tema y son más precisos y pertinentes. Asimismo, las posibilidades de transferencia de los comentarios que recibe un tercero sobre el propio trabajo pueden ser mayores porque se trata de objetos de estudio y/o marcos teóricos muy similares a los propios. En Ciencias Biológicas, incluso se trata generalmente del mismo organismo vivo y, por lo tanto, los comentarios sobre la investigación de otros no solamente pueden ser transferibles en términos de reflexionar sobre el proceso de investigación, sino de mayor información sobre el mismo organismo que uno está investigando.

En todos estos tipos de reuniones, además de tener la posibilidad de avanzar sobre las investigaciones propias, los tesistas también aprenden cómo evaluar trabajos científicos y brindar retroalimentación. Es decir, aquí también aprenden el rol de par evaluador, como también lo señalan Boud y Lee (2005) al analizar los grupos de pares.

Paralelamente, cada uno de los tesistas, cuando es su propia investigación la que está siendo analizada, puede recibir comentarios que le permitan mejorarla como validación externa lo que, acorde con Mantai, es importante para la confianza en sí mismo. "Ser y sentirse validado como quien hace una buena investigación es esencial para un investigador en formación, puede ser un factor que conduzca y sostenga al doctorando en los momentos difíciles del doctorado." (2015: 7). Los equipos de investigación otorgan un contexto de apoyo y de continuidad pedagógica (Delamont y Atkinson, 2001) que permite al tesista tener un ambiente de aprendizaje donde poder ensayar la tarea investigativa.

En las reuniones de equipo de cada programa doctoral, se discuten dimensiones distintas de las investigaciones de sus miembros. Como es esperable según cada disciplina, en Ciencias Biológicas la exposición y posterior discusión giraban principalmente alrededor del diseño metodológico (pasos del diseño, orden de esos pasos, materiales que se habrían de utilizar, cantidad de individuos de la muestra, controles, etc.) y de los datos empíricos que caracterizan al organismo vivo objeto de estudio. En los equipos de Ciencias Sociales, por su parte, la discusión de los trabajos de los miembros se dividía entre los conceptos teóricos y el modo de escritura y presentación de la información (la redacción de los objetivos, los datos que es necesario mantener en el anonimato, las implicancias del uso de un concepto por sobre otro, etc.). Estas diferencias en las dimensiones de las investigaciones que se analizan en cada equipo se corresponden con las características que toma la producción y avance del conocimiento en las disciplinas que albergan; dicho en pocas palabras: recursivo en Ciencias Sociales y acumulativo en Ciencias Biológicas (Becher, 2001; Latour y Wooglar, 1995; Whitley, 2012).

El grado y tipo de intervención de los distintos miembros del equipo varía según su antigüedad. Los miembros más recientes y más jóvenes son los que menos intervienen. Sobre todo, los de Ciencias Biológicas permanecían callados en los encuentros. La intervención aumentaba con la antigüedad de los miembros, no solo en su frecuencia sino también en términos del tipo, moviéndose de una actitud indagadora (datos, fuentes, resultados parciales) a una cuestionadora y de recomendación. En este sentido, la variación en el grado y tipo de intervención coincide con lo hallado por Aitchinson para los grupos de escritura, "... los miembros noveles típicamente pasan más tiempo escuchando, observando y tomando notas..." (2009: 910). No obstante, difiere de lo que nosotros encontramos en los talleres de tesis y curso de diseño experimental (en los que no parecía importar la antigüedad en el doctorado y la experiencia previa para comentar los trabajos de los pares). Podríamos pensar que, en estos últimos, los tesistas noveles se sienten más libres de intervenir y presentar sus opiniones en el rol de alumno, el mismo rol de siempre: el de alumnos. Mientras que el papel de miembro de un equipo de investigación es uno que están comenzando a explorar.

Un último aspecto a destacar de las reuniones de equipo es el clima que se genera. En los tres casos parece haber buen trato y respeto por las ideas del otro. Esto potencia la generación de un ambiente de aprendizaje crítico en el cual los doctorandos aprenden enfrentándose a problemas importantes y auténticos que les resulten desafiantes para potenciar su proceso formativo (Bain, 2007). En los equipos hay una dinámica de grupo que brinda un espacio seguro para la participación de los miembros. En las reuniones que observamos nunca escuchamos un comentario despectivo hacia las intervenciones de otro miembro. Sin lugar a dudas, esto es esencial para que los doctorandos puedan, no solo exponer sus trabajos, sino también aclarar sus dudas y presentarse desde un lugar de no saber.

Aquí es necesario establecer la relación con los talleres de tesis y curso de diseño experimental. En ambos casos, el clima generado es de vital importancia para que el investigador en formación se sienta seguro de exponer sus puntos débiles y dudas, en otros términos, "el yo a la parrilla" (Wainerman *dixit*) en el medio del proceso creativo de la investigación. Por eso, es de suma importancia el clima de trabajo generado. Cuando no es el adecuado, el doctorando recurre a estrategias alternativas que le permitan la aprobación del curso sin exponer completamente su proyecto de investigación. Pero en los equipos esto sería imposible. Lo que nos hace pensar en la relevancia de las relaciones durante la formación. En este sentido, en el segundo capítulo mencionamos que una de las funciones más importantes del director de tesis es el apoyo psicosocial, ello puede extenderse para el equipo en su conjunto, expresado en las reuniones donde todos necesariamente interactúan entre sí. Es decir, el apoyo psicosocial que puede brindar el equipo también es fundamental para la culminación de la tesis.

El papel de los pares en la formación del investigador: sostén afectivo, sostén práctico e intercambio formativo

Diversos estudios han resaltado la influencia positiva de la interacción con pares en el proceso formativo de los investigadores, sobre todo en las posibilidades de graduación (Ali y Kohun, 2006; Bayley, Brent Ellis y O'Reilly, 2012;

Colombo, 2014). En las Ciencias Sociales, el sentimiento de soledad y aislamiento es mayor que en las Biológicas y suele ser identificado como factor que contribuye a la deserción doctoral. "La naturaleza individualizada de los estudios de doctorado y la necesidad de una mayor responsabilidad y creatividad por parte de los estudiantes son factores que pueden conducir a gran parte de la frustración de los que participan en el proceso de doctorado. Esta frustración puede en última instancia conducir a la deserción de los estudiantes..." (Gardner, 2008b: 327). Por este motivo, varios estudios señalan que los pares constituyen un apoyo esencial para los doctorandos (Conrad y Phillips, 1995; Holmes, Robinson y Seay, 2010; Spaulding y Rockinson-Szapkiw, 2012). El intercambio con otros favorece la socialización académica: ayuda a identificar roles, normas y costumbres; y brinda el sostén afectivo necesario para hacer frente a los desafíos del doctorado. Las relaciones horizontales tienen un importante papel en la transmisión de conocimiento. Es decir, el grupo no solo funciona como sostén afectivo, como se resalta en la literatura, sino que además los tesistas aprenden en parte del quehacer de la investigación de sus pares.

En las Ciencias Naturales son tradicionales los equipos de investigación mientras en las Sociales continúa predominando el trabajo individual, aunque comienzan a surgir equipos (Becher, 2001; Gardner, 2008a; Golde, 2005) y, por lo tanto, las posibilidades y espacios de interacción e intercambio con pares varían según el programa doctoral. Los tesistas del programa de Ciencias Biológicas se insertan en el laboratorio de su director para la realización de la tesis, en donde también trabajan otros doctorandos, posdoctorandos e investigadores. Ingresan en un grupo social ya constituido al cual deben integrarse como actores sociales (amigo, colega, rival, enemigo) y como doctorandos. Es un grupo que puede darles contención en los momentos necesarios y del que pueden aprender el quehacer cotidiano.

Por su parte, los tesistas de Ciencias Sociales acuerdan, más o menos explícitamente, con su director de tesis la modalidad de trabajo cotidiano (en el equipo de su director, independientemente de ellos, o de modo individual ante la ausencia de un equipo de investigación y lugar de trabajo). Además, una particularidad de esta disciplina es la caracterización del trayecto formativo en soledad, matizado levemente por la asistencia a cursos (que se convierten en una ocasión de interacción con otros doctorandos). Para contrarrestar esta soledad, prácticamente todos los tesistas (ya sea que su director dirija un equipo o no) arman grupos de trabajo e intercambio autogestionados con pares. O sea, independientemente de contar con el acceso a un equipo de investigación generado por el director, los tesistas buscan la interacción con pares con el fin de compartir y enfrentar los distintos desafíos que les presenta el doctorado. Otros pocos no arman grupos, pero sí tienen como referentes a pares que los acompañan en distintas etapas de su proceso formativo y para sortear distintos tipos de dificultades. Ya sean parejas que realizan el doctorado de manera simultánea (o con pocos años de diferencia), compañeros del grado u otros tesistas del mismo director, los vínculos con pares se encuentran siempre presentes en los relatos de los doctorandos. Finalmente, en ocasiones este intercambio con pares es promovido por el director de tesis, ya sea para incentivar la socialización académica de sus tesistas o para suplir falencias propias, como cuando los tesistas utilizan métodos con los que ellos no están familiarizados (etnografía, análisis del discurso, u otros).

Dada la gran importancia de los pares durante el trayecto doctoral y la tendencia a rodearse de ellos para transitarlo, la pregunta es: ¿cuál es el papel que tienen durante el trayecto formativo? Los tesistas de ambos programas doctorales recurren a sus pares (igual o más avanzados que ellos) para resolver dudas de la tarea cotidiana. Por ejemplo, en Ciencias Biológicas los miembros más avanzados muestran a los nuevos la ejecución de técnicas o las normas de seguridad y trabajo dentro del laboratorio. Así, durante el primer periodo en el laboratorio, a partir de la colaboración con la investigación de otros más avanzados (alimentar los organismos vivos objeto de estudio, transcribir grabaciones de video, etc.), aprenden las técnicas de trabajo específicas del objeto de estudio. Son los pares quienes enseñan a los nuevos tesistas las tareas básicas del laboratorio, en particular, y de la tarea investigativa, en general. Entre los pares se origina una relación de interdependencia positiva:

> Y después, cuando vas al campo, tus compañeros de laboratorio te muestran, y ahí aprendés a manipular las redes, a sacar los bichos de las redes… (Entrevista tesista Carla Font, Ciencias Biológicas).

> Yo no sabía muy bien en qué consistía hacer un experimento. Y con estos pibes, medio que me formaron ellos. Bah, ayudándolos a ellos a hacer los experimentos, empecé a ver lo que era un diseño y cómo se analizaba. Después, en qué cosas había que ser riguroso. (Entrevista tesista Ismael Sera, Ciencias Biológicas).

> Obviamente, uno está mirando el microscopio y dice: "Mirá, fijate esto, porque me parece que es tal cosa", y el otro va y le dice: "Sí, creo que sí o creo que no". (Entrevista tesista Ricardo Silva, Ciencias Biológicas).

Del mismo modo, en Ciencias Sociales los pares pueden aportar bibliografía nueva, comentar un avance escrito u orientar en el trabajo de campo. Los siguientes fragmentos de entrevista ejemplifican el modo en que las relaciones generadas por los propios tesistas durante sus trayectos formativos promueven el aprendizaje de la tarea investigativa y brindan elementos para continuar el trabajo de tesis.

> Entonces, él [su pareja] manejaba una bibliografía muy novedosa. Otra perspectiva de laburo que a mí como aporte me sirvió mucho. (Entrevista tesista Lucrecia Maceri, Ciencias Sociales).

> ... para pensar más el trabajo de campo, me acuerdo que recurrí mucho a ellos [colegas de un centro], que son antropólogos de pura cepa. Entonces, les pregunté muchas cosas, de cómo entrar, de cómo hacer, mismo estar ahí medio observando y mandar mensajes de texto a María que es esta amiga, diciéndole: "Che, no sé, ¿hablo? ¿No hablo? ¿Cómo interactúo?". Bueno, no sé, me fueron como dando *tips*, fui armando la guía, medio experimentando un poco... (Entrevista tesista Ramiro Butto, Ciencias Sociales).

Además, en los equipos de investigación, un par puede mostrarle a otro cómo codificar una entrevista o se puede generar un intercambio entre varios sobre los diversos modos que cada uno utilizó y transmitir información sobre programas informáticos para el análisis de datos. Como señalan Johnson y otros, los "... integrantes del grupo sienten que están vinculados con los demás de modo tal que uno solo no podrá alcanzar el éxito si todos los demás no lo alcanzan." (1999: 13). El esfuerzo de cada miembro del grupo beneficia a todos los integrantes. El siguiente fragmento ejemplifica este modo de trabajo conjunto:

> En una conversación sobre la codificación y análisis de las entrevistas, surge que los datos se van a analizar con el Atlas.ti. Amalia cuenta que a ella no le resulta tanto, que ella usó el Excel y que le parece mejor. También dice que no usaba códigos tipo 1.1, sino etiquetas. Mónica comenta que para su tesis de doctorado usó el Word, en los comentarios ponía los códigos, ella sí usaba códigos numéricos. Amalia cuenta que al día siguiente tendrá una clase semiprivada de Atlas.ti a cargo de otra investigadora del instituto. Varios se muestran interesados por esa opción y comienzan a preguntarle detalles como el costo y modo de contacto con la persona. (Fragmento observación equipo Ciencias Sociales).

El proceso de escritura de la tesis es otra etapa en la que los doctorandos, de ambos programas, buscan la interacción con pares para generar instancias de discusión de avances o para crear las condiciones necesarias para enfrentar la tarea (como un lugar de trabajo). El final de este proceso formativo está marcado por la escritura y defensa de la tesis. Los compañeros del laboratorio y los pares de los grupos autogestionados son muchas veces los primeros lectores de los borradores de capítulos de la tesis. Además, en ambos programas suele realizarse una práctica previa a la real defensa de la tesis en las reuniones de equipo. Esta constituye tanto una instancia de profundización en la investigación como de contención afectiva.

> Igual, la defensa del laboratorio es diferente porque estás con la gente, más o menos, que te conoce, pero estuvo bien. Estuvo muy buena porque, aparte, te critican la presentación en el buen sentido y eso te ayuda para mejorar, y capaz que uno piensa que explicándolo de esa manera el resto lo entiende porque uno ya lo sabe y, cuando se lo explica a otra persona, te dice: "No, mirá, esto no se entiende". Entonces, para ir mejorando las cosas, estuvo bueno. Así salió mejor la real. (Entrevista Carla Font tesista, Ciencias Biológicas).

O sea, hemos... algunos... hemos construido, en esa época, ¿no? Ahora ya no tanto, pero construimos algunos dispositivos de discusión más nuestros, de avance de tesis de cada uno, donde ahí sí podíamos comentarle al resto, digamos. Eso... hicimos un par de reuniones y el año pasado también... (Entrevista Rubén Signato tesista, Ciencias Sociales).

Además de las actividades relacionadas directamente con la tesis, los pares están presentes en otras aristas de la formación como investigador como; por ejemplo, en la publicación. Si bien en el próximo apartado nos dedicaremos exclusivamente a esta actividad de la academia, aquí le dedicaremos algunas líneas en relación al intercambio con pares que genera. En Ciencias Biológicas, es una tarea colectiva, desde el inicio los tesistas publican junto con otros variando su responsabilidad y lugar como autor. El intercambio de borradores es constante entre todos los autores. A diferencia de las ocasiones en las que el doctorando somete sus borradores a revisión del director, este es un intercambio entre pares. Obviamente, la relación es de mayor paridad que con el director, aunque en lo que a las publicaciones se refiere existe una jerarquía de autores (el miembro de mayor antigüedad o jerarquía en el equipo o el responsable del estudio suelen ocupar el lugar de autor principal). En el comentario de estos, el tesista no solamente mejora sus producciones, sino que también aprende a evaluar los trabajos de otros y de la evaluación de trabajos ajenos. Fernanda, cuenta el modo en que toma conciencia de su crecimiento como doctoranda al hacerle comentarios al *paper* de otros:

> Yo me doy cuenta de que con los *papers* yo no puedo decir nada, y así. Ponele, tengo este para corregir y yo no sé... leo y digo "No, Sebas, acá este párrafo tendría que estar más arriba", corté y pegué todo y esta es como la última, última versión, y yo veo que Sebas, que es el primer autor, los párrafos que moví, los

dejó movidos... O sea, yo puedo aportar desde ese punto, pero después hay cosas que a mí se me escapan, que siento que las tengo que aprender, porque yo sé que las tengo que aprender... (Entrevista tesista Fernanda Pérez, Ciencias Biológicas).

En Ciencias Sociales, la publicación conjunta (en equipo o con el director) es poco frecuente y el tesista tiene la responsabilidad total sobre su formación en las competencias necesarias para la publicación de los resultados de investigación. En ocasiones, los tesistas señalan la demora en su inicio en la publicación o el tránsito por varios intentos fallidos dado su desconocimiento de las reglas del juego. Generalmente, cuando su director sigue un estilo acompañante[25], es un par quien los familiariza con ellas, quien les puede recomendar un curso de escritura científica, comentarle sus borradores o introducirlos en los criterios que sigue el CONICET para la evaluación de los antecedentes. Finalmente, en algunos casos, los tesistas vuelven a reunirse con pares para poder llevar adelante esta tarea en conjunto, sea para publicar juntos o para motivarse mutuamente. Por ejemplo, en una reunión de equipo, en la cual son todos pares, hablan sobre la publicación:

> Se cierra el intercambio con Lourdes preguntando a qué revista mandarlo. Damián le sugiere dos que califica como buenas. Analía pide que le repitan los nombres y pregunta si son reconocidas por la institución. Damián le dice que en teoría sí, pero que habría que ver con los nuevos cambios del CONICET respecto de las revistas dónde quedaron. (Fragmento observación equipo Ciencias Sociales).

Todas estas ocasiones son instancias de aprendizaje como participación (Lave y Wenger, 1991), implican cambios en su conocimiento y acciones. Es un proceso de

---

[25] Ver capítulo tres de este libro.

aprendizaje en el desarrollo de una tarea específica. Pero es un aprendizaje que no ocurre individualmente, sino que tiene lugar necesariamente en la interacción con otros. Como señalan Holmes y otros (2010), se produce una "interacción promotora" entre pares, que se origina cuando los individuos se alientan el uno al otro para alcanzar sus objetivos. Es así como los pares se constituyen en docentes ocultos. Lo que reúne al tesista y a su compañero es la tarea que deben realizar y el objetivo que persiguen es hacerla de forma adecuada; es decir, no siempre en su par hay una intención formativa, o por lo menos no es su principal preocupación. Asimismo, el sentido formativo de la actividad se encuentra en un segundo plano, muchas veces, implícito. Interesa que pueda manejarse en el laboratorio siguiendo las normas de seguridad o que pueda codificar adecuadamente un material de campo, pero el objetivo es la realización correcta de la tarea conjunta y no la formación del tesista. Ello no quita que para este no sea una ocasión de aprendizaje, sino más bien aprende en la medida en que participa en las tareas significativas de la actividad académica (Dall'Alba, 2004; Dall'Alba y Sandberg, 2006; Perry, 2004, entre otros).

Ahora bien, ¿es solo transmisión de conocimiento lo que sucede en el intercambio con pares? Para los tesistas entrevistados los pares constituyen un sostén afectivo. Ante las situaciones de fracaso (por ejemplo, cuando un experimento no arroja resultados válidos o cuando no se tiene acceso a las fuentes de información esperadas para realizar el trabajo de campo), el papel de los pares es sumamente importante. Las investigaciones de Delamont y Atkinson (2001) sobre doctorandos de Ciencias Naturales coinciden en que el grupo social que se conforma en un laboratorio otorga la contención afectiva y acompañamiento teórico-metodológico necesarios para hacer frente a la sensación de fracaso que generan los inconvenientes con los experimentos. A lo largo de todo este proceso formativo y del desarrollo de la investigación, el tesista se enfrenta a varios desafíos como el análisis de los datos, la publicación y la escritura de la tesis. En todas estas instancias, los pares están presentes para apoyar y contener.

> Y tus compañeros son tus camaradas, o sea, están ahí. Son los que saben lo que es, los que te ceban un mate cuando saben que estás pasado de laburo, los que se sientan con vos a ver datos muchas veces; depende quiénes y en qué niveles, pero también es gente con la que podés sentarte y decir: "Mirá, estoy haciendo esto y no me sale". Si es uno que está un toque más adelante que vos, te puede dar una mano, te puede proponer ideas, te puede ayudar, te saca las papas del fuego cuando no das abasto. Creo que es muy importante y creo que es muy bueno cuando tenés buen vínculo con la gente. Sobre todo porque el jefe es una lotería muchas veces. Los compañeros son los que están "Dale, te la banco, hacemos la segunda y vamos y te doy una mano". (Entrevista tesista Sonia Menéndez, Ciencias Biológicas).

Sonia muestra que los compañeros del laboratorio, los pares, además de enseñar a los nuevos miembros del grupo y de colaborar en la resolución de problemas, otorgan el sostén afectivo que los doctorandos necesitan para realizar su investigación doctoral. De su relato también se desprende que el par es quien está transitando (o transitó hace pocos años) la misma situación que uno y desde ese lugar brinda soporte. La importancia que los graduados y tesistas le asignan al grupo de pares del laboratorio durante sus estudios doctorales coincide con lo hallado por Gardner en doctorandos en química en el contexto norteamericano:

> ... esta interacción se centra en el grupo del laboratorio en el que los estudiantes se sitúan. Estos estudiantes pasan grandes cantidades de tiempo entre ellos, usualmente alcanzando las 60 o 70 horas semanales. Las interacciones que estos estudiantes tienen entre ellos son una de las experiencias más importantes dentro

de la formación de posgrado, muchos de ellos comentaron de la tutoría que recibieron de pares más avanzados del laboratorio (Gardner, 2008b: 338).

En el caso de Ciencias Sociales, los tesistas buscan la interacción con pares con el fin de compartir y enfrentar los distintos desafíos que les presenta el doctorado. Es decir, en Ciencias Sociales, gran parte de la socialización académica recae sobre la iniciativa del tesista y de los ámbitos de inserción que él mismo genere. Los pares están presentes para armar grupos de estudio, intercambiar bibliografía, orientar en los métodos de investigación y asesorar en la realización del trabajo de campo. El siguiente fragmento de entrevista ejemplifica el lugar de los pares en el proceso formativo:

> Son importantes los pares, me parece, porque están ahí con vos todo el tiempo, te contienen, también hay un intercambio desde otro lugar, porque te ayudan a pensar siempre tus temas, son como claves. No sé, para mí fueron muy importantes, o sea, hace que no te sientas tan sola. (Entrevista tesista Pilar Buzzeo, Ciencias Sociales).

La ausencia de un lugar de trabajo fijo en Ciencias Sociales afecta tanto a quienes forman parte de un equipo como a quienes no lo hacen. En el primer caso, les dificulta guardar los materiales comunes (libros, computadoras y demás) y compartir una cotidianeidad laboral. En el segundo caso, las dificultades son mayores porque se desdibuja el límite hogar-trabajo y, en ocasiones, no se halla un lugar adecuado porque en la propia casa tampoco es posible trabajar. Aquí es cuando los pares tienen un papel crucial al otorgar las condiciones necesarias para desarrollar la tarea. Es el caso de Viviana:

> Y bueno, Marina a mí me salvó la vida, porque yo a Marina la conocía de la carrera y ella trabajaba sola en la casa, entonces, me dijo: "Vení a mi casa a trabajar". Así que para mí fue, creo que ella… yo siempre le digo, me salvó mi vida académica, porque boyando de bar en bar iba a terminar… (Entrevista tesista en curso Viviana Facchino, Ciencias Sociales).

En síntesis, la interacción con pares es esencial en el proceso formativo de los doctorandos y para aumentar las posibilidades de graduación. La presencia de los pares a lo largo de todo el proyecto doctoral en ambos programas, aportando orientación y asesoramiento para realizar las tareas que los tesistas van enfrentando, nos permiten hacer esta afirmación. Incluso el hecho de que en Ciencias Sociales las interacciones con pares y los grupos armados sean autogestionados marca la relevancia que ellos tienen en el proceso formativo.

Sin embargo, no todo es color de rosa. En Ciencias Biológicas, los tesistas parecen correr con ventaja al insertarse en un grupo social ya constituido, aunque no necesariamente entren a un grupo en el que predominen las relaciones de cooperación, también puede haberlas de competencia o, simplemente, ausencia de afinidad entre los miembros. Son relaciones no elegidas por el tesista y pueden surgir tensiones.

> A la envidia de que si algún compañero tuyo tiene resultados y vos no los tenés, pensás que el responsable de no tenerlos sos vos y que sos peor que ese otro porque obviamente… Si bien nuestro grupo no es un grupo de competencia interna, todo el mundo que sigue una carrera como esta, o también en tu carrera, de alguna manera es competitivo. Entonces, eso también pega fuerte. (Entrevista director Roberto Ledesma, Ciencias Biológicas).

> Bueno... eso sí que es conflictivo [la publicación]. Ahí te enterás de cada cosa. Como por ejemplo, el orden los autores, empezás con miserias humanas que no te querías enterar. (Entrevista tesista Cecilia Zabala, Ciencias Biológicas).

Los casos de Roberto y Cecilia muestran que la competencia podría ser una parte de la vida del grupo y que afecta a sus miembros. En línea con esta idea, Gardner (2008b) encontró que varios doctorandos en química sostenían que así como uno elige un director también se debería poder elegir el grupo de pares con el que trabajar. En definitiva, así como el laboratorio otorga un contexto de continuidad pedagógica en el cual aprenden de sus pares y de contención afectiva, también puede constituirse en una fuente de inconvenientes a causa de relaciones problemáticas.

Contrariamente, a sus pares de Ciencias Sociales, el hecho de autogestionar sus grupos y las interacciones les brinda la libertad de relacionarse con quien deseen, lo que limita al mínimo las relaciones conflictivas con pares. De hecho, este tema no ha surgido prácticamente en ninguna entrevista de Ciencias Sociales y, cuando lo hizo, se marcó que simplemente se evitaban las relaciones con esas personas. Pero esta libertad tiene un costo. Si el tesista no tiene las condiciones o la personalidad para generar este tipo de interacciones, posiblemente tendrá que aprender a lidiar con la soledad durante su proceso formativo.

La publicación: objeto y ocasión de aprendizaje

En el mundo académico no es novedad el imperativo *publish or prerish*. Sin embargo, en las últimas décadas la aparición (y cada vez mayor importancia atribuida) del *Citation Index* y del *Impact Factor Index* va de la mano de una mayor presión por publicar. En todas las disciplinas se ejerce presión no solo para publicar, sino para hacerlo en revistas de alto impacto o bien posicionadas en los *rankings*. Actualmente, esta presión se ejerce no solo sobre los investigadores en carrera, sino también sobre los que están en formación en el doctorado (Pickering, Grignon, Steven, Guitart y Byrne, 2015). Esta presión plantea una situación de desigualdad que Merton (1995) advirtió hace algunas décadas, con el denominado "efecto Mateo", según el cual en las publicaciones conjuntas solo los investigadores ya reconocidos logran mayor reconocimiento de una misma publicación mientras que sus coautores de menor trayectoria no lo hacen. Además, el "efecto Mateo" pone sobre la mesa la importancia del orden de los autores al reconocer, como consecuencia de la referencia parcial, que generalmente solo el primer autor es mencionado en el cuerpo del texto. Así, implícitamente se le está otorgando el mérito a uno solo de los investigadores.

En cada ámbito de la ciencia, la publicación cobra características distintas que reflejan las particularidades del campo de investigación y de su comunidad. En el ámbito de las Ciencias Naturales y Exactas, el artículo de investigación es el medio principal de difusión de los conocimientos, mientras que en las Ciencias Sociales y Humanas comparte su lugar con los libros. Sin lugar a dudas, para los distintos grupos disciplinares la difusión de los resultados de investigación es la moneda de cambio para la continuidad en el sistema científico.

La importancia de la publicación en el ámbito académico nos permite tomarla como ejemplo de objeto de aprendizaje y analizar el conjunto de actividades que realizan los tesistas para adquirir las competencias necesarias para ello. En este apartado, haremos hincapié en el hecho de que el abordaje de la publicación como actividad y como objeto de aprendizaje durante el doctorado ocurre solo en cuanto el tesista se inserta en el ámbito académico. Es decir, la realización y culminación exitosa del doctorado es independiente de la publicación, pero la participación en y la pertenencia a la comunidad académica exige que el tesista aprenda a difundir los resultados de su investigación por los medios habilitados y acreditados por ella.

A pesar de su importancia, en ninguno de los dos programas doctorales encontramos iniciativas de incluir curricularmente la orientación en la publicación. Entonces, la publicación es uno de los saberes que se transmite entre los pares y en el ejercicio de la práctica. En este sentido, se la puede entender como un proceso de aprendizaje como participación, en el cual la intervención en las actividades cotidianas de la tarea investigativa provee un contexto que permite un proceso de aprendizaje (Lave, 2001). En la medida en que cada tesista se expone a la situación de publicar (ya sea mediante la participación en congresos o revistas científicas), adquiere las competencias necesarias para volverse experto en ello. En Ciencias Biológicas este camino empieza por la presentación de *posters* en congresos, continúa por la publicación de artículos en revistas científicas, siempre y necesariamente en inglés y, característica no menor, es un proceso colectivo. Las publicaciones son armadas por más de un miembro del equipo de investigación. Por su parte, en Ciencias Sociales, comienza directamente por la presentación de ponencias, continúa por la publicación de artículos en revistas generalmente en español (y ocasionalmente en inglés). Aquí, la práctica es individual de principio a fin, en muy contadas ocasiones es un proceso grupal, incluso para quienes forman parte de un equipo.

Ahora bien, ¿cómo ocurre? ¿En qué consiste este proceso de aprendizaje de la publicación? ¿Qué es lo que se aprende? Asumiendo que, como todo proceso educativo, toma características distintas según el sujeto que aprende y los conocimientos previos que posee, para los tesistas el aprendizaje de la publicación no pasa tanto por la escritura ni por los tipos textuales y características del género científico, sino más bien por los medios y modos de publicación académicos, las normas que rigen a cada uno de ellos y la relevancia de estos para la continuidad de su carrera académica. No es extraño que los tesistas no reconozcan la necesidad de aprender las características del género académico al estar expuestos a la escritura de textos académicos desde sus estudios de grado (Fernández Fastuca, 2010). Pero el aprendizaje del género académico no se limita al conocimiento de los tipos textuales y el vocabulario científico, sino que "la escritura académica es fundamental para la construcción de identidades como investigadores y académicos dentro de la comunidad académica" (Parker, 2009: 46). Entonces, lo que aparentemente pasa inadvertido son los primeros pasos en la conformación de la identidad como investigadores de una disciplina particular.

Desde la perspectiva de los directores, la resolución de los problemas de escritura es uno de los aprendizajes que deben hacer sus tesistas. En este apartado, tomaremos como objetos de aprendizaje los tipos textuales científicos y los medios y modos de publicación académicos para un análisis más detallado. Este aprendizaje es uno de los que pasa inadvertido para los tesistas. En tanto lectores, se exponen al género científico desde el inicio de su formación universitaria (durante la carrera de grado deben leer capítulos de libros, artículos de revistas científicas, reseñas, entre otros). Durante ese periodo también comienzan a escribir textos del género científico, por ejemplo, monografías o informes de laboratorio. Estas actividades son un primer paso en el aprendizaje de las particularidades del género científico. Entre los doctorandos hay quienes lo reconocen, y señalan que los profesores les hicieron comentarios que contribuyeron en su aprendizaje o que veían la importancia de hacerlos correctamente y buscaban recursos para aprenderlo.

Al momento de las primeras presentaciones a congresos (ya sea en los últimos años del grado, la maestría o inicio del doctorado), los tesistas se valen de otros textos que les sirvan de modelo para su escritura. Es decir, otras ponencias y *posters* sirven de ejemplo del tipo textual para identificar sus características (estructura, contenido propio de cada apartado, extensión aproximada, etc.). Además, como vimos en el apartado anterior, también se comparten los borradores con pares para que los comenten. Sus comentarios son ocasión de confirmaciones o reformulaciones. Esta modalidad de trabajo se repite para cada tipo textual nuevo que se encara (artículo, capítulo de libro, reseña, entre otros) hasta que se adquiere seguridad suficiente.

La escritura de las primeras publicaciones (*poster*, ponencia, artículo) expone al tesista a desafiar las fronteras de su conocimiento, reestructurándolo en un ida y vuelta entre sus ideas y la materialidad del texto. Así como la publicación es objeto de aprendizaje con los pares, también lo es en las reuniones de equipo y seminarios internos de investigación. El siguiente fragmento expone el tipo de comentarios que un tesista puede recibir sobre su trabajo:

> Javier[26]: Ya que interrumpimos, voy a volver para atrás: ¿el título es el que mandaste? [La autora asiente]. En el título, en lugar de larvas diría [...], en lugar de sitio de muestreo diría sitio de estudio". Y también le sugiere cambiar una foto del sitio de estudio que sea más representativa de las características del lugar. (Fragmento observación equipo Ciencias Biológicas).

---

[26] En las transcripciones de las observaciones al equipo de Ciencias Biológicas, Javier es el nombre dado al director del equipo.

En definitiva, a lo largo de todo el proceso formativo como doctor, el tesista va perfeccionando su competencia escritora, que incluye el conocimiento sobre el mejor modo de presentar la información según el ámbito en el que uno la está publicando. El objeto central del aprendizaje de la publicación son los ámbitos y medios de publicación, sus características y la relevancia que cada uno de ellos tiene para la continuidad de la carrera académica. A pesar de ser el aprendizaje que más desafíos presenta (y el más significativo en términos de su potencial consecuencia para el futuro en la academia), es el menos estructurado e institucionalizado. Es un aprendizaje que ocurre en la medida en que se participa (Lave, 2001) de instancias de publicación, en interacción con otros, estando en el lugar y en el momento en que una tarea se ejecuta. En este sentido, Chapman y otros (2009) argumentan que los congresos son una gran oportunidad para "poner a prueba" sus habilidades para la publicación, así como los resultados de su investigación.

En los equipos de investigación, las fechas de los próximos congresos o *calls for papers* de revistas son objeto de charlas y avisos entre los miembros. Se financia (total o parcialmente) la participación en congresos según los subsidios disponibles —más en Ciencias Biológicas que en Sociales— y, principalmente, se discuten estrategias de publicación: la selección del contenido a publicar o la forma de presentarlo (los resultados válidos y "jugosos" para ser publicados, a diferencia de los resultados a presentar según el tipo de publicación), la identificación de las revistas más pertinentes, y las características de los distintos ámbitos de publicación. En los equipos de investigación de ambos programas, se ponen en juego este tipo de experiencias. Los siguientes fragmentos exponen discusiones sobre decisiones a tomar a la hora de difundir los resultados de una investigación. En el primer caso, es una reunión en la que uno de los miembros somete a discusión un artículo que será enviado a una revista. En el segundo, uno de los miembros somete a discusión una parte de los resultados de su tesis que irán a dos tipos de publicación (ponencia y artículo).

> Durante estos comentarios se arma un debate entre varios sobre cómo presentar a las [instituciones] (corporaciones, entidades comerciales), y sobre el problema de la regulación y certificación (normas IRAM, ISO, etc.). Lourdes [autora del trabajo] aporta datos sobre cómo se comportan las [instituciones] y los otros intervienen trayendo a colación posturas teóricas que le podrían aportar para presentarlo. (Fragmento observación equipo Ciencias Sociales).

> [Ante un cuadro estadístico con resultados, que no conforman a la mayoría del grupo, ocurre la siguiente discusión]. Javier plantea que el cuadro no es recomendable ponerlo en la publicación [artículo]. Verónica dice que aclararía en la metodología qué hizo y por qué. Rosario [autora del trabajo] dice que le faltan datos de una especie y dice cuáles son. Javier le pregunta por qué. Rosario contesta y Juan le dice que no es salvable. Verónica aconseja que se ponga lo relativo a la otra especie que ya se sabe y que diga que para la primera no pudo indagarlo. Rosario pregunta: "¿Qué hago entonces?" Javier: "Depende, ¿para la charla de 15 minutos o para el *paper*?", y le dice cómo se presentarían los datos en cada caso. Se abre una discusión sobre qué se puede poner y qué no en el *paper*. La cuestión es qué datos tienen para sostener qué ideas. Javier le hace algunas preguntas desde la postura de un revisor. (Fragmento observación equipo Ciencias Biológicas).

En los casos relatados, quienes someten sus trabajos claramente se exponen a una situación de aprendizaje basada en la crítica de su trabajo por parte de sus compañeros. Pero, además, sus compañeros (y probablemente todos los miembros del equipo) también están ante una situación de aprendizaje. La participación en las reuniones del equipo y la observación de los comentarios que hacen a un compañero permite que se amplíe el "horizonte de observación" (Hutchins, 2001). Este horizonte brinda la oportunidad a los investigadores en formación de intervenir, muchas veces de modo periférico, en tareas que algún día les tocará realizar. Por lo tanto, son situaciones de aprendizaje en las que experimentan la tarea, pero de un modo más libre al no poner en juego y exponer al análisis su propio trabajo. Potencialmente, podrían transferir los comentarios y críticas al trabajo de otros a sus propios textos.

El proceso de publicación de artículos: el referato como ocasión de aprendizaje

Así como el director de tesis y otros miembros del equipo o pares hacen comentarios que permiten profundizar o reformular sus ideas y avanzar en la tesis, otras figuras cumplen una función similar: por ejemplo, los *referees* de las revistas académicas. El sistema de arbitraje ciego de estas revistas se basa en la idea de que un investigador experto en un tema evalúa la originalidad, pertinencia, relevancia y rigurosidad de un artículo científico de manera objetiva sin conocer al autor del escrito. Desde el anonimato, el *referee* puede hacer observaciones al artículo, que pueden ser "… más directas y menos elusivas que en otras formas de escritura académica" (Paltridge, 2015: 107). Estás críticas pueden estimular la profundización o reformulación de las ideas expuestas, sugerir nuevas lecturas que permitan otros análisis de los datos, nuevas perspectivas de abordaje o llamar la atención sobre falencias o errores en la interpretación de los datos.

Aunque los comentarios pueden ser solo una justificación del dictamen, la mayoría (tanto los directores de tesis como los tesistas graduados) mencionó la importancia de los comentarios de los *referee* en el proceso de investigación y de formación como investigadores. En todos los casos, mencionaron por lo menos una ocasión en la cual el proceso de publicación les permitió realizar mejoras sobre cómo pensaban su problema de investigación. Los *referee* son personas que no están implicadas en el proceso de investigación como lo están el tesista y el director de tesis y eso permite que (en ocasiones) hagan observaciones que estos no pueden realizar. Es decir, la perspectiva de un tercero permite ver el efecto que el escrito provoca en otros y esto, a su vez, brinda conocimiento útil para reescribir el texto. Asimismo, permite objetivar el propio proceso de pensamiento y tomar distancia del producto escrito (Lee y Kamler, 2008). Tal es la importancia de la institución del referato, que se la invoca para hacer comentarios sobre los borradores de artículos. Por ello, la forma de trabajo (y de escritura) implica tener en cuenta la perspectiva de los otros:

> Javier: Lo que te explican los resultados es que los tiempos entre alimento son mayores en uno que en otro. Damián: Pero recibió más alimento. Javier: Había que buscar otros estudios, porque se puede hacer comparaciones entre especies [...] Y dice que habría que analizarlo con la competencia. Dice que a algún revisor se le va a ocurrir. Sigue la discusión entre Javier y Damián. Después le dice que también le surgió una duda cuando él habla de las predicciones y de la necesidad a corto plazo. (Fragmento observación equipo Ciencias Biológicas).

Es una estrategia para objetivar lo que se está escribiendo, para tomar distancia, como cuando se tiene que escribir un argumento, la forma de hacerlo más potente es pensar y explicitar los contra argumentos y contestarlos.

En definitiva, el proceso de publicación de un artículo es susceptible de convertirse en una práctica formativa a partir de la evaluación del escrito. En cierta forma, se repite la estrategia didáctica del director: el comentario y la corrección de producciones escritas. De todos modos, este proceso es formativo solo en ocasiones, depende en gran medida de cómo realice su labor el *referee*. Tanto la objetividad como la rigurosidad pueden verse comprometidas y el arbitraje volverse una instancia de evaluación según el acuerdo o desacuerdo que el *referee* tenga con las ideas expresadas en el artículo sin dar más que justificaciones a su decisión de aceptación o rechazo (o solo exposiciones formales, sin contenido), pero sin aportar comentarios que estimulen la reformulación o profundización del artículo. Del mismo modo, los investigadores también pueden tener una actitud descreída y/o pragmática del proceso de revisión y de sometimiento de sus trabajos.

> En un momento, se nombra un artículo de dos miembros del equipo, y Matías les informa que se los rechazaron, que no pasó del comité editorial. En este momento, Sergio también comentó que había revistas que tardaban más de un año y medio en evaluar un trabajo. Dijo que él, para carrera [del CONICET], había esperado poder poner que tenía uno en prensa, pero resultó que todavía no lo evaluaron. Por eso, les recomendó a todos que enviaran lo antes posible publicaciones. Se arma una pequeña conversación entre Gabriela, Matías, Analía y Laura sobre los artículos que son rechazados antes de mandarlo a referato. Si bien algunos dicen que puede pasar, sostienen que es muy raro, que estuvo mal seleccionada la revista. [...] Después Analía cuenta que la aceptaron en LASA [Latin American Studies Association] y Mauricio dice que a él también pero que sabe que no aceptaron a todos, que aparentemente estaban un poco más exigentes. (Fragmento observación equipo Ciencias Sociales).

Así, el referato por momentos deja de ser una instancia de aprendizaje y de resguardo de la calidad para convertirse en una tarea más de la cotidianeidad del académico que, del lado de quien envía los artículos, se aproxima a ella de manera pragmática y estratégica mirando qué revistas le sirven más en función de los tiempos de publicación. Al mismo tiempo, es un elemento estratégico que posibilita o dificulta la continuidad en la academia. Los tiempos que demoran las revistas pueden hacer toda la diferencia a la hora de una convocatoria a becas o del ingreso a carrera.

En síntesis, además de los espacios contemplados por los programas doctorales, la formación ocurre también en otros menos sistematizados como las reuniones de equipo, los congresos, grupos de trabajo (autogestionados u organizados por una institución como un instituto de investigación) y la ocasión de publicar (que podría considerarse virtualmente como un espacio). En todos estos, el doctorando se involucra en un proceso de inmersión en las tareas propias de la academia y las aprende, así como los distintos roles, las normas no escritas, los trucos del oficio y, sobre todo, el modo en que él quiere insertarse en ese mundo. En estas ocasiones más desestructuradas de aprendizaje aparecen también otras figuras no contempladas formalmente: los pares y los evaluadores de las revistas académicas.

Conclusiones

Iniciamos este libro planteando una serie de interrogantes vinculados con la formación doctoral. Principalmente, nos preguntamos cuáles son las prácticas de enseñanza y aprendizaje involucradas en ella; lo que necesariamente implica identificar: en qué espacios formativos tiene lugar, cuáles son las figuras formadoras que intervienen, qué objetivos se persiguen y cuáles son los conocimientos que se transmiten. A lo largo de los distintos capítulos, analizamos en profundidad cada uno de los espacios formativos. En las próximas páginas, y a modo de cierre, pondremos en relación dichos espacios para destacar sus relaciones mutuas, puntualizar las principales conclusiones y brindar un panorama de los problemas que se abren con este trabajo.

A lo largo de nuestro estudio, identificamos los distintos espacios formativos en los que acontece la formación de investigadores y también a sus figuras. Los espacios son múltiples (entendidos como lugares físicos y teóricos), a diferencia de otras instancias educativas en las que el centro de la actividad está dentro de instituciones (escuela, universidad) y, en ellas, dentro de las aulas. Los tres principales son: la dirección de tesis, los talleres de tesis y la participación en la academia.

En cada uno de ellos, las figuras formadoras cambian: directores de tesis, docentes de posgrado, *referee* de revistas científicas, pares del doctorado. Así como ocurre con los espacios formativos, estas figuras distan de las de otros niveles del sistema educativo. Cada una de ellas se introduce en el trayecto formativo de diversos modos y en distintas instancias. También su importancia relativa en la formación difiere. Así, el rol de docente (formador) está distribuido entre distintos miembros de la comunidad (directores de tesis, profesores, pares, *referee* de revistas académicas). En contraposición a la tradicional figura del profesor o cuerpo de profesores que concentran la función formadora, el trayecto del doctorando se teje del entramado de relaciones que establece con los distintos miembros del programa doctoral y de la academia. El hallazgo de esta variedad de figuras formadoras contrasta con la preeminencia que tiene el director de tesis tanto en la literatura especializada como en los reglamentos de los programas doctorales. Si bien nuestros resultados no le restan importancia, sí destaca que su rol docente lo comparte con otros que pueden llegar a tener igual o mayor influencia en el trayecto formativo de un doctorando en distintas aristas de la formación.

También identificamos que la relevancia y lugar que cada espacio (y sus correspondientes figuras) ocupa en el proceso formativo de los investigadores es atravesada por las características particulares de cada grupo disciplinar. Aunque hay prácticas que trascienden la diferenciación disciplinar, otras son propias del trayecto en cada una. Esto se hace evidente en que con un mismo reglamento marco (el de la universidad) se construyen programas doctorales tan distintos.

La formación en el doctorado en Ciencias Biológicas implica la inserción en un programa con larga tradición y características del área disciplinar (modo acumulativo de construcción del conocimiento y preeminencia del trabajo en equipos) que refuerzan la dependencia mutua entre los investigadores y potencian las relaciones entre sí. Por el programa han transitado varias generaciones de investigadores y académicos en tanto doctorandos, directores de tesis y docentes. Esto benefició el surgimiento de normas, costumbres y también la existencia de prácticas formativas regulares y transversales a los distintos equipos de investigación. La continuidad de la experiencia de los directores y los tesistas permite la transmisión de las prácticas formativas de una generación a otra, lo que también habilita la reflexión sobre las prácticas formativas.

Así, en Ciencias Biológicas están estipulados (implícita o explícitamente) y ensayados los pasos e hitos del trayecto. Es un pasaje pautado desde realizar tareas periféricas a realizar tareas significativas de la actividad investigativa. Al comienzo, en un laboratorio durante el grado, se realizan tareas periféricas que delega un doctorando o posdoctorando y, hacia el final del doctorado, se participa en la toma de decisiones sobre la tesis y la carrera académica.

El carácter gradual del trayecto formativo deviene, necesariamente, en la prolongación de la condición de alumno. El tesista comienza claramente posicionado como alumno, en una adolescencia académica, y a lo largo de todo este trayecto doctoral adquiere autonomía progresivamente a medida que avanza en su formación y atraviesa nuevos hitos. Si bien esta cualidad de la formación en las Ciencias Naturales ya fue identificada por otros autores, nosotros creemos que podría ser uno de los factores que colabora en un trayecto formativo en el que escasean el sentimiento de soledad y desorientación sobre los pasos a seguir para continuar la investigación. El comienzo del trayecto durante el grado, con el ingreso a un equipo, parece ser uno de los factores que facilita la transición de alumno de licenciatura a doctorando. Además, el "noviazgo académico" entre director y tesista permite sentar las bases de la relación y establecer un vínculo de trabajo previo a embarcarse en el doctorado. El modo de trabajo cotidiano otorga continuidad pedagógica, mayores oportunidades de interacción con el director y, paralelamente, más posibilidades de revisión de la tarea por parte de este. Por eso, es que aquí puede aparecer el estilo directivo.

La característica distintiva de Ciencias Biológicas es que las prácticas formativas giran en torno a la concepción de la investigación como una actividad netamente grupal. El doctorando se inserta en la microcomunidad que es *el laboratorio, que se constituye en el corazón de su trayecto formativo*. Buena parte de la formación del doctorando ocurre en este, y es su principal fuente de aprendizaje. En él confluyen dos espacios formativos: la dirección de tesis y la participación en la academia; o sea, el director, los pares, las oportunidades de publicación, la vida del equipo en sí misma y, principalmente, la realización de su investigación. La totalidad y, sobre todo, el cruce de estas instancias son las que conforman el corazón del trayecto formativo del tesista. En términos del doctorado, esto implica que aquí, en el corazón, se define el *curriculum* real de la formación. La confluencia de la dirección con la participación en la academia potencia al laboratorio como el espacio de definición de dicho *curriculum*.

En esta microcomunidad se aprenden los elementos del trabajo científico, los tipos y características de las publicaciones académicas como fruto de la cotidianeidad, las normas de seguridad e higiene del lugar de trabajo; en definitiva, se aprende el quehacer de la investigación. En paralelo, el objeto principal de aprendizaje son los conocimientos básicos sobre el objeto de estudio específico del laboratorio, sobre la línea de investigación en la que se inserta, los antecedentes de su tema de investigación.

El equipo facilita estos aprendizajes al constituirse en un contexto de continuidad pedagógica, que se produce por los intercambios entre sus miembros y parte del entramado de relaciones académicas del director que proporcionan posibilidades de interacción. Esta cualidad del equipo es consecuencia de las prácticas formativas que tienen lugar allí. Los equipos también pueden ser pensados como un contexto de continuidad pedagógica porque les permiten a los tesistas extender su horizonte de observación a varias aristas de la investigación. Así, es el tipo de prácticas de enseñanza y aprendizaje que tienen lugar en el equipo lo que le otorga su cualidad de contexto de continuidad pedagógica. Y estas prácticas son aquellas propias del aprendizaje como participación. Algunas de estas prácticas formativas exceden la observación y los tesistas se inician en las distintas aristas de la investigación a partir de la realización de tareas periféricas en un contexto controlado. El aprendizaje de la publicación es un ejemplo de ello. El equipo provee un contexto controlado de participación en una de las tareas más relevantes de la academia desde una etapa temprana de la formación realizando solo partes del artículo (como los resultados o los gráficos, que podrían calificarse como tareas periféricas) y bajo la supervisión de pares más avanzados o del director. No solo se aprende a publicar en los equipos, sino también a evaluar trabajos científicos. En los seminarios internos, los investigadores en formación aprenden el rol del par evaluador al comentar las presentaciones de sus compañeros. Parte importante de los aprendizajes enunciados se realiza como fruto de la interacción con pares, la segunda figura formadora más importante del equipo. Especialmente, son quienes acompañan y guían gran parte del periodo inicial de inserción en el laboratorio.

En definitiva, la participación en la academia como uno de los dos espacios que hace del equipo de investigación el corazón del trayecto formativo en Ciencias Biológicas genera un ambiente de aprendizaje crítico en el que se practica, discute y transmite la tarea investigativa. Un ambiente en el que los doctorandos se enfrentan a problemas reales que despiertan su interés, en el que eligen las tareas que van a realizar, los contenidos y las competencias en los que profundizarán. Y lo hacen en trabajo conjunto con otros.

Al ser la confluencia de dos espacios, el laboratorio como corazón de la formación asume las características que le son dadas por cada uno de esos espacios. Así, el estilo de dirección que asume el director enmarca el tipo de ambiente de aprendizaje en que se constituye el equipo y por el que se mueve el tesista. Es decir, los directores orientadores y los directivos generan ambientes de aprendizaje distintos en sus laboratorios. Los primeros promueven la ejecución de mayor cantidad y variación de actividades por parte de los doctorandos que los segundos.

Así, de las cuatro funciones del director, la de apoyo práctico es fundamental porque define las condiciones laborales y genera las de intercambio e interacción. El equipo de investigación con el que va a interactuar es el que le provee el director, y también genera las condiciones del ambiente de aprendizaje. En este sentido, la reflexión pedagógico-didáctica tiene aquí una dimensión del proceso educativo que se encuentra con más fuerza que en otras instancias educativas, ya que en ellas parte importante del ambiente de aprendizaje viene dado más allá de la figura formadora (pensemos en la escuela: el edificio, las aulas, el horario de entrada y salida, las normas del colegio, etc.). En cambio, en la formación de investigadores en Ciencias Biológicas, gran parte de este ambiente lo genera o depende del director de tesis.

En tanto espacio formativo, la dirección tiene a su cargo la formación de los doctorandos en la realización de una tesis: la construcción del estado del arte, la identificación de los referentes teóricos pertinentes, la profundización y precisión de los conocimientos teórico-disciplinares del tesista, el diseño de las técnicas e instrumentos adecuados a sus objetivos, la redacción de un informe de investigación. Para ello, las dos prácticas de enseñanza principales que utilizan los directores son la corrección de avances (generalmente escritos) y la modelización.

Lo significativo de la definición del equipo como el corazón de la formación en investigación durante el doctorado es que estos espacios no son regulados ni evaluados por el programa doctoral. Entonces, el *curriculum* real de la formación del doctorando se define por fuera de la institución educativa que luego acredita la obtención del título de doctor. Esto podría otorgarle mayor importancia, por más que sea teórica, a la existencia del curso orientado a la construcción de la tesis como espacio formativo regulado desde el programa doctoral. Es decir, el espacio en el que el programa doctoral tiene mayor injerencia —en tanto institución educativa que diseña y evalúa el proceso formativo— es el de los cursos. Y por ello, los cursos son el espacio en el que la institución educativa tiene mayor decisión sobre el *curriculum* de la formación. El carácter optativo de este curso nos hace pensar que su relevancia en la totalidad del trayecto formativo es baja; incluso, sus docentes lo piensan como un espacio complementario. Este curso, y la totalidad de los cursos del doctorado, son un complemento del corazón de la formación. Y tiene un peso relativo menor al del resto de los espacios formativos, su relevancia en tanto espacio regulado por el programa doctoral es más bien teórica.

Por su parte, el trayecto formativo en Ciencias Sociales se caracteriza por su flexibilidad. Más que en cualquier otra instancia educativa, e incluso más que en Ciencias Biológicas, los tesistas gozan (o padecen) de la libertad de definición de su trayecto formativo. El modo de trabajo propio de las Ciencias Sociales (preeminencia del trabajo individual, baja dependencia mutua entre los investigadores y respecto de equipos e insumos) incide en el trayecto formativo doctoral. Además, contribuye a dicha flexibilidad la juventud del programa doctoral. Al no tener tradiciones largas a las que atarse, las figuras formadoras y los tesistas arman el trayecto que desean (o pueden) desde el nivel más macro de la estructura (maestría-doctorado o solamente doctorado) hasta el más micro de la definición de sus prácticas de aprendizaje cotidianas. También existe mayor libertad con el lugar de trabajo y para la organización de la tarea cotidiana, que se observa en la posibilidad de formar un equipo o no.

Esta libertad y flexibilidad en la definición del trayecto formativo deriva en la ausencia de un espacio que sea su corazón, que nucleé las principales prácticas de enseñanza y aprendizaje. Por el contrario, el trayecto está distribuido en los distintos espacios, el tesista circula por ellos y en cada uno se compromete en prácticas formativas de las que se nutre. Ninguno de los espacios es más importante o sobresale respecto de los otros, sino que se reparte entre los distintos espacios que transita y las personas con las que interactúa. Así, el *curriculum* real de la formación lo construye el tesista en el interjuego con cada uno de los espacios formativos, siendo el principal el de la dirección de tesis (a excepción de la dirección acompañante).

La relación con las distintas figuras formadoras (director y pares, principalmente) también es flexible debido a la escasa dependencia de los tesistas del equipamiento y financiamiento que les pueda dar el director para desarrollar sus tesis. Esta escasa dependencia tiene como consecuencia una relación flexible con el lugar de trabajo, que limita las posibilidades de encuentro cotidiano con otros miembros y promueve el trabajo en espacios alternativos.

Esta cualidad distribuida del trayecto formativo implica, en última instancia, la inexistencia de un espacio físico en el que se concentre este trayecto. Así, podría pensarse que se constituye en uno de los pocos procesos educativos formales que no se concentran en una sola institución (escuela, universidad u otra).

La investigación es practicada como una actividad mayormente individual, lo que hace también que el trayecto sea caracterizado como solitario. La flexibilidad y soledad se traducen en que el tesista realiza el pasaje de las tareas periféricas a las significativas de la academia de forma casi autónoma y asumiendo rápidamente una mayor variedad de actividades (incluso de transferencia y extensión). Deben salir de la adolescencia académica y asumir la toma de decisión en varias aristas de su proceso formativo. Es un tránsito forzado hacia la autonomía.

La autonomía forzada implica que el aprendizaje de la tarea investigativa se realiza con actividades de alta significación para el tesista, en las que él tiene la responsabilidad principal (por ejemplo, aprender a definir el objeto de estudio de una investigación con la propia tesis). Asimismo, esta autonomía forzada implica la autogestión de los espacios formativos y las relaciones con las figuras formadoras. Autogestionarse los grupos y las interacciones brinda la libertad de relacionarse con quienes se desea. Pero esta libertad tiene como costo que, si no las genera, posiblemente transite el proceso formativo en soledad perdiéndose oportunidades de aprendizaje. No solo eso, sino también el costo afectivo del posible fracaso al aprender a investigar con la propia tesis. En Ciencias Sociales, los tesistas también deben gestionar el espacio de la dirección de tesis. En este deben consensuar con el director las normas de trabajo, la frecuencia de los encuentros y otros aspectos de la organización de la tarea.

La confluencia entre el trayecto formativo distribuido entre los distintos espacios y la autonomía forzada del tesista también significa que parte importante de este trayecto tiene lugar, justamente, en espacios poco (o no) regulados del programa. Pero, a diferencia de Ciencias Biológicas, los talleres de tesis tienen mayor importancia relativa en el trayecto de Ciencias Sociales. Estos son un espacio obligatorio permanente en la formación doctoral. Todos los doctorandos transitan por ellos y pueden pensarse como un mecanismo de seguimiento del proceso de formación por parte del programa doctoral. Por ello, en este caso, el espacio propuesto y regulado institucionalmente tiene mayor relevancia y se constituye en un puente entre los espacios no regulados de la formación y el aprendizaje escolarizado.

Este espacio ofrece la posibilidad de exponerse a la evaluación de otro académico para intercambiar ideas sobre su tesis. Los profesores del taller son un modelo alternativo al del director. Incluso puede decirse que la dirección acompañante es compensada por los talleres. De este modo, el programa de doctorado prevé la confluencia de dos espacios formativos, lo que enriquece el trayecto formativo de los tesistas.

Estos talleres se centran en la práctica de la tarea investigativa, y sus docentes buscan que los doctorandos aprendan a criticar investigaciones, a elaborar un estado del arte, a diseñar una estrategia metodológica; en definitiva, a realizar una investigación. También son un espacio en el que los doctorandos reciben consejos para el trazado de su carrera académica. En algunos casos los doctorandos aprenden el rol del par evaluador, al comentar las presentaciones de sus compañeros.

Este espacio es complementario al de la dirección de tesis, sobre todo cuando el tesista hace su trayecto formativo con una dirección acompañante. Ante la escasa frecuencia de intercambios en este estilo, los docentes de los talleres de tesis son académicos con los que los tesistas pueden discutir sus avances. En los casos de dirección orientadora, los profesores del taller de tesis también cumplen esta función, que se superpone con la de los directores (quienes permanecen como los principales interlocutores y responsables de la orientación del tesista).

Al igual que en Ciencias Biológicas, en Ciencias Sociales los tesistas aprenden en el espacio de la dirección a hacer una tesis. A partir de la evaluación de los avances, los directores son quienes definen parte importante del *curriculum* real de la formación (que se complementa con el recorrido del tesista por los espacios que ellos mismos se generan). Es necesario marcar una diferencia entre los estilos de dirección. El estilo acompañante tiene menos posibilidades de definir el *curriculum* al estar menos involucrado en el proceso formativo del tesista. Aunque evalúe y comente los avances del tesista, sugiera bibliografía y oriente en la elección de cursos (por mencionar algunas prácticas del director), la escasa frecuencia de intercambios impide que se pueda considerar que define el *curriculum*, cuando el tesista trabaja de modo independiente por largos periodos de tiempo tomando decisiones sobre su formación por sí mismo o con la orientación de otras figuras formadoras.

Dentro del trayecto formativo en el espacio de la participación en la academia, las principales figuras formadoras son los pares, que ocupan un lugar de preponderancia convirtiéndolos en los docentes ocultos de este proceso educativo. Así, el rol de figura formadora está distribuido entre distintos miembros de la comunidad. Esta característica lo diferencia de su paralelo en las Ciencias Biológicas y de otras instancias educativas en general. A diferencia de la mayoría de los procesos formativos, aquí los pares tienen una entidad como figura formativa prácticamente de la misma relevancia que las reconocidas formalmente.

En suma, en la participación en la comunidad, los doctorandos contribuyen en la organización de jornadas científicas, la moderación de mesas en congresos, la presentación de proyectos a subsidios y en actividades de transferencia. Aprenden sobre la evaluación de trabajos científicos y los modos de brindar retroalimentación; en definitiva, aprenden el rol del investigador en Ciencias Sociales.

Para cerrar este estudio, presentaremos las principales notas sobre la formación doctoral desde una perspectiva holística. Los espacios más relevantes en la formación son los parcialmente regulados y los no contemplados por los programas: la participación en la academia (en los equipos de investigación, la publicación, el establecimiento de relaciones con pares, etc.) y la dirección de tesis (si bien la figura y funciones del director están en los reglamentos de todos los programas doctorales, los directores no son evaluados o acreditados). Por el contrario, los cursos y seminarios, que son más regulados por los programas doctorales (por ejemplo, porque se pide a los doctorandos que evalúen el curso o porque se decide sobre la continuación o no de cada uno de ellos), son reconocidos como de menor importancia entre los distintos espacios formativos. Es significativo que parte importante de la formación doctoral se juega en los espacios fuera de la institución que acredita dicho proceso formativo a través del título de doctor.

Los cursos, en tanto espacios formativos, se caracterizan por potenciar o privilegiar distintos tipos de aprendizaje (el aprendizaje como participación y el aprendizaje escolarizado). Así, reconocer una jerarquía de importancia entre los distintos espacios formativos revitaliza la tensión entre ambos. En la formación doctoral, el aprendizaje escolarizado sirve de soporte para el primero. En este sentido, los talleres de tesis y curso de diseño experimental —que son un primer puente entre ambos tipos de aprendizaje— sirven como instancias para sistematizar y explicitar lo aprendido en los otros espacios. Al tener un formato similar a todos los cursos realizados por los doctorandos en los niveles previos del sistema educativo, son un espacio formativo familiar para los tesistas y acortan la distancia entre los cursos teóricos (aprendizaje escolarizado) y la etapa de tesis (aprendizaje como participación).

Además de funcionar como puente, los talleres de tesis y curso de diseño experimental se caracterizan por imposibilitar que el estudiante asuma una lógica de alumno aprobante, al tener como objetivo el trabajo sobre la investigación del tesista. A diferencia del resto de los cursos teóricos (e incluso respecto de los correspondientes a otros niveles del sistema educativo), en los que se puede establecer distancia con los contenidos y actividades del curso, en estos casos —al centrarse el trabajo en las tesis— el estudiante no puede tomar una actitud pasiva. Esto no es trivial, ya que marca una diferencia en la posición del estudiante respecto de su proceso formativo.

Por su parte, los directores son quienes poseen el saber pedagógico para orientar al tesista en su formación doctoral, a través de la discusión de los resultados y el comentario de los borradores escritos, y para equilibrar los retos que le propone bajo el principio de "rigurosidad compasiva". Sin embargo, este saber es más intuitivo que formalizado, ya que aprendieron a ser directores en el ejercicio del rol.

Cualquiera sea su estilo, la evaluación formativa parece ser la práctica de enseñanza por excelencia, no solamente porque es realizada por todos los directores entrevistados, sino porque es a partir de ella que se estimula la formulación de conceptualizaciones y la profundización en los conocimientos. Es decir, la retroalimentación, el brindar las orientaciones necesarias al tesista para mejorar su trabajo y formarse. El trabajo entre director y tesista se organiza generalmente a partir de las producciones escritas en las que se materializan los avances del tesista en la investigación.

Las prácticas formativas puestas en juego durante los estudios doctorales requieren seguir siendo indagadas en otros contextos y grupos disciplinares para conocerlas en mayor profundidad. El avance del conocimiento sobre la temática brindará fundamentos para afianzar las prácticas formativas, evaluar la pertinencia de las prácticas puestas en juego hasta el momento y ajustar aquellas que sea necesario. En una segunda instancia, el avance en el conocimiento también brindará fundamentos para elaborar programas de formación de directores de tesis y de profesores de talleres de tesis.

Referencias bibliográficas

Aitchison, C. (2009). Writing groups for doctoral education. *Studies in Higher Education, 34*(8), 905-916.
Ali, A. y Kohun, F. (2006). Dealing with isolation feelings in is doctoral programs. *International Journal of Doctoral Studies, 1*, 21-33.
Bain, K. (2007). *Lo que hacen los mejores profesores universitarios*. Barcelona: Universitat de València.
Barab, S.; Barnett, M. y Squire, K. (2002). Developing an empirical account of a community of practice: Characterizing the essential tensions. *The Journal of the Learning Sciences, 11*(4), 489-542.
Barros, N. A. de (1977). *El taller, integración de teoría y práctica*. Buenos Aires: Humanitas.
Barsky, O. (1997). *Los posgrados universitarios en la República Argentina*. Buenos Aires: Troquel.
Barsky, O. y Giba, G. (2010). "La investigación en las universidades privadas argentinas". Presentado en el Seminario: La investigación en las universidades privadas, Consejo de Rectores de Universidades Privadas.
Bayley, J.; Brent Ellis, J. y O'Reilly, K. (2012). Rocky road or clear sailing? Recent graduates' recollections and reflections of the doctoral journey. *Brock Education, 21*(2), 88-102.
Becher, T. (2001). *Tribus y territorios académicos. La indagación intelectual y las culturas de las disciplinas*. Barcelona: Gedisa.
Bernardo Carrasco, J. (1991). *Técnicas y recursos para el desarrollo de las clases*. Madrid: Rialp.

Boehe, D. M. (2014). Supervisory styles: A contingency framework. *Studies in Higher Education*. Recuperado a partir de https://bit.ly/2KzYi4y

Boud, D. y Lee, A. (2005). Peer learning as pedagogical discourse for research education. *Studies in Higher Education*, *30*(5), 501-516.

Bordieu, Pierre; Chamboredon, Jean y Passeron, Jean (2008). *El oficio de sociólogo. Presupuestos epistemológicos*. Buenos Aires: Siglo XXI.

Bourdieu, P. y Wacquant, L. (2005). *Una invitación a la sociología reflexiva*. Buenos Aires: Siglo XXI Editores.

Bowen, W. y Rudenstine, N. (1992). *In Pursuit of the PhD*. Princeton: Princeton University Press.

Brailovsky, D. y Menchón, Á. (2013). *Estrategias de escritura en la formación. La experiencia de enseñar escribiendo*. Buenos Aires: Noveduc.

Brown, J.; Collins, A. y Dugid, P. (1989). Situated cognition and the culture of learning. *Educational Researcher*, *18*(1), 32-42.

Brown, S.; Meyer, P. y Enos, T. (1994). Doctoral programs in Rhetoric and Composition: A catalog of the profession. *Rhetoric Review*, *12*(2), 240-389.

Bustos Tarelli, T. (2010). Formación de recursos humanos en Argentina: análisis de la política de becas de posgrado. En O. Barsky y M. Dávila (eds.), *Las carreras de posgrado en la Argentina y su evaluación*. Buenos Aires: Teseo.

Camilloni, A.; Celman, S.; Litwin, E. y Palau de Maté, M. (1998). *La evaluación de los aprendizajes en el debate didáctico contemporáneo*. Buenos Aires: Paidós.

Carlino, P. (2012). Helping doctoral students of Education to face writing and emotional challenges in identity transition. En M. Castelló y C. Donahue (eds.), *University writing: Selves and texts in Academic Societies* (pp. 217-234). Londres: Emerald Group Publishing.

Carrasco Altamirano, A. y Kent Serna, R. (2011). Leer y escribir en el doctorado o el reto de formarse como autor de ciencias. *Revista Mexicana de Investigación Educativa, 16*(51), 1227-1251.

Cassuto, L. (2010). Advising the struggling dissertation student. *Chronicle of Higher Education, 57*(17), 51-53.

Castells, M. (1997). *La era de la información.* Madrid: Alianza.

Chapman, D.; Aalsburg Wiessner, C.; Morton, J.; Fire, N. y Stevenson Jones, L. (2009). Crossing scholarly divides: Barriers and bridges for doctoral students attending scholarly conferences. *New Horizons in Adult Education and Human Resource Development, 23*(1), 6-24.

Chapman, D. y Tate, G. (1987). A survey of doctoral programs in Rhetoric and Composition. *Rhetoric Review, 5*(2), 124-186.

Checchia, B. (2009). La reforma de los posgrados en el marco del Espacio Europeo de Educación Superior: un modelo para explorar. *Revista Argentina de Educación Superior, 1*(1), 98-124.

Clark, B. (1995). *Places of Inquiry.* Berkely: University of California Press.

Clark, B. (2008). The modern integration of research activities with teaching and learning. En B. Clark, *On Higher Education. Selected Writtings, 1956-2006* (pp. 408-423). Baltimore: The John Hopkins University Press.

Cole, S. (1983). The hierarchy of the sciences? *The American Journal of Sociology, 89*(1), 111-139.

Collins, A.; Brown, J. S. y Newman, S. E. (1989). Cognitive apprenticeship: Teaching the crafts of reading, writing, and mathematics. En L. B. Resnick (ed.), *Knowing, learning, and instruction: Essays in Honor of Robert Glaser* (pp. 453-494). Hillsdale, N. J.: Lawrence Erlbaum Associates.

Collins, H. M. (2001). Tacit knowledge, trust and the Q of Sapphire. *Social Studies of Science, 31*(1), 71-85.

Colombo, L. (2012). Grupos de escritura en el posgrado. Presentado en VIII Jornadas de Material Didáctico y Experiencias Innovadoras en Educación Superior. Centro Universitario Regional Paternal, Universidad de Buenos Aires.

Colombo, L. (2014). Los vínculos personales en la producción de tesis doctorales. *Revista Electrónica de Investigación Educativa, 16*(2), 81-96.

Conrad, L. (2003). Five ways of enhancing the postgraduate community: Student perceptions of effective supervision and support. Presentado en Herdsa Conference.

Conrad, L. y Phillips, E. (1995). Isolation to collaboration: A Positive change for postgraduate women? *Higher Education, 30*(3), 313-322.

Contu, A. y Willmott, H. (2003). Re-embedding situatedness: The importance of power relations in learning theory. *Organization Science, 14*(3), 283-296.

Dall'Alba, G. (2004). Understanding professional practice: Investigations before and after an educational programme. *Studies in Higher Education, 29*(6), 679-692.

Dall'Alba, G. y Sandberg, J. (2006). Unveiling professional development: A critical review of stage models. *Review of Educational Research, 76*(3), 383-412.

Debeauvais, M. y Livesey, M. (1986). Doctoral theses in France: A case of «Reformitis». *European Journal of Education, 21*(4), 375-384.

De la Cruz Flores, G.; Díaz Barriga Arceo, F. y Abreu Hernández, L. F. (2010). La labor tutorial en los estudios de posgrado. Rúbricas para guiar su desempeño y evaluación. *Perfiles Educativos*, *32*(130), 83-102.

De la Cruz Flores, G.; García Campos, T. y Abreu Hernández, L. F. (2006). Modelo integrador de la tutoría. *Revista Mexicana de Investigación Educativa*, *11*(31), 1363-1388.

Delamont, S. y Atkinson, P. (2001). Doctoring uncertainty: Mastering craft knowledge. *Social Studies of Science*, *31*(1), 81-107.

De Miguel, J.; Sarabia Heydrich, B.; Vaquera, E. y Amirah, H. (2004). ¿Sobran o faltan doctores? *Empiria. Revista de Metodología de Ciencias Sociales*, *7*, 115-155.

De Vita, A. (2012). *La creación social: relaciones y contextos para educar*. Barcelona: Laertes.

Diezmann, C. (2005). Supervision and scholarly writing: Writing to learn-learning to write. *Reflective Practice*, *6*(4), 443-457.

Difabio, H. (2011). Las funciones del tutor de la tesis doctoral en Educación. *Revista Mexicana de Investigación Educativa*, *16*(50), 935-959.

Difabio, H. y Heredia, M. del V. (2013). El taller de tesis doctoral en Educación desde un enfoque comprehensivo de escritura a través de la plataforma Moodle. Presentado en VI Seminario Internacional de Educación a Distancia, Argentina.

Eckelberry, R. (1940). The Voluntary Doctoral Seminar. *The Journal of Higher Education*, *11*(7), 367-370.

Eggen, P. D. y Kauchak, D. P. (1996). *Estrategias docentes: enseñanza de contenidos curriculares y desarrollo de habilidades de pensamiento*. México: Fondo de Cultura Económica.

Ehrenberg, R. G.; Zuckerman, H.; Groen, J. A. y Brucker, S. M. (2010). *Educating Scholars. Doctoral Education in the Humanities*. Princeton, New Jersey: Princeton University Press.

Eshtiaghi, N. y Warren-Myers, G. (2011). Strategies and approaches for addressing critical issues in supervisory practice of the engineering discipline. Presentado en Chemeca.

Espinosa, O. y González, L. E. (2009). Los estudios de postgrado en Chile. *Revista Argentina de Educación Superior*, *1*(1) (edición digital).

Farji-Brener, A. (2007). Ser o no ser director, esa es la cuestión: reflexiones sobre cómo (no) debería ser el desarrollo de una tesis doctoral. *Ecología Austral*, *17*, 287-292.

Feld, A. (2015). *Ciencia y política(s) en la Argentina, 1943-1983*. Bernal, Universidad Nacional de Quilmes.

Fenstermacher, G. (1989). Tres aspectos de la filosofía de la investigación de la enseñanza. En M. Wittrock (ed.), *La investigación de la enseñanza*. Vol. 1 (pp. 149-179). Barcelona: Paidós.

Fernández Fastuca, L. (2010). *La enseñanza de la escritura académica en las universidades del Área Metropolitana de Buenos Aires* (Tesis de Maestría). Universidad de San Andrés, Buenos Aires.

Fliguer, J. y Dávila, M. (2010). Relación entre investigación y posgrados en las universidades privadas argentinas. Presentado en el Seminario: La investigación en las universidades privadas, Consejo de Rectores de Universidades Privadas (CRUP).

Fuller, A. (2007). Critiquing theories of learning and communities of practice. En J. Hughes, N. Jewson y L. Unwin (eds.), *Communities of practice: Critical perspectives*. London; New York, NY: Routledge.

Fuller, A.; Hodkinson, H.; Hodkinson, P. y Unwin, L. (2005). Learning as peripherical participation in communities of practice: A reassessment of key concepts in workplace learning. *British Educational Research Journal*, *31*(1), 49-68.
García de Fanelli, A. M. (1996). *Estudios de posgrado en la Argentina: alcances y limitaciones de su expansión en las universidades públicas*. Buenos Aires: CEDES.
García de Fanelli, A. M. (2000). *Estudios de posgrado en la Argentina: una visión desde las maestrías en Ciencias Sociales*. Buenos Aires: CEDES.
García Guadilla, C. (2010). *Educación superior comparada. El protagonismo de la universalización*. Caracas: UNESCO/IESALC-CENDES.
Gardner, S. (2008a). Student and faculty attributions of attrition in high and low-completing doctoral programs in the United States. *High Educ*, *58*, 97-112.
Gardner, S. (2008b). What's too much and what's too little? The process of becoming an independent researcher in doctoral education. *The Journal of Higher Education*, *79*(3), 326-350.
Golde, C. (2005). The Role of the department and discipline in doctoral student attririon: Lessons from four departments. *The Journal of Higher Education*, *76*(6), 669-700.
Golde, C. (2007). Signature pedagogies in doctoral education: Are they adaptable for the preparation of Education researchers? *Educational Researcher*, *36*(6), 344-351.
Halse, C. (2011). Becoming a supervisor: The impact of doctoral supervision on supervisors' learning. *Studies in Higher Education*, *36*(5), 557-570.

Halse, C. y Malfroy, J. (2010). Retheorizing supervision as professional work. *Studies in Higher Education*, *35*(1), 79-92.

Hasrati, M. (2005). Legitimate peripheral participation and supervising Ph.D students. *Studies in Higher Education*, *30*(5), 557-570.

Heath, T. (2002). A quantitative analysis of PhD students views of supervision. *Higher Education Research y Development*, *21*(1), 41-53.

Hockey, J. (1991). The Social Science PhD: A literature review. *Studies in Higher Education*, *16*(3), 319-333.

Holmes, B.; Robinson, L. y Seay, A. (2010). Getting to finished: Strategies to ensure completion of the doctoral dissertation. *Contemporary Issues in Education Research*, *3*(7), 1-8.

Hughes, J.; Jewson, N. y Unwin, L. (2007). Communities of practice: A contested concept in flux. En *Communities of practice: Critical perspectives* (pp. 1-16). New York, London: Routledge.

Hutchins, E. (2001). El aprendizaje de la Navegación. En S. Chaiklin y J. Lave, *Estudiar las prácticas. Perspectivas sobre actividad y contexto* (pp. 49-77). Buenos Aires: Amorrortu.

Jackson, P. (2002). *Práctica de la enseñanza*. Buenos Aires: Amorrortu.

Johnson, D.; Johnson, R. y Johnson Holubec, E. (1999). *Los círculos del aprendizaje. La cooperación en el aula y la escuela*. Buenos Aires: Aique.

Johnson, L.; Le, A. y Green, B. (2000). The PhD autonomous self: Gender, rationality and postgraduate pedagogy. *Studies in Higher Education*, *25*(2), 135-147.

Kamler, B. y Thomson, P. (2004). Driven to abstraction: Doctoral supervision and writing pedagogies. *Teaching in Higher Education*, *9*(2), 195-209.

Kandlbinder, P. y Peseta, T. (2001). *In supervisors' words... An insider's view of postgraduate supervision*. Sydney: University of Sydney.

Keller, C. y Dixon Keller, J. (2001). Pensar y actuar con hierro. En Seth Chaiklin y Jean Lave, *Estudiar las prácticas. Perspectivas sobre actividad y contexto* (pp. 141-196). Buenos Aires: Amorrortu.

Kennedy, D. (1997). *Academic Duty*. Massachusetts: Harvard University Press.

Kiley, M. (1996). How Do I know how I am going? Assessment in posgraduate research degrees. Presentado en Quality in Postgraduate Research: Is it happening? Australia.

Krotsch, P. (2009). *Educación superior y reformas comparadas*. Bernal: Universidad Nacional de Quilmes.

Latour, B. (1983). Dadme un laboratorio y levantaré el mundo. Organización de Estados Iberoamericanos. Traducción de "Give me a laboratory and I will raise the world", en: K. Knorr-Cetina y M. Mulkay (eds.), *Science observed: Perspectives on the social study of science*, Londres: Sage, 1983, pp. 141-170. Disponible en https://bit.ly/2KrhsxF

Latour, B. y Wooglar, S. (1995). *La vida en el laboratorio. La construcción de los hechos científicos*. Madrid: Alianza.

Lave, J. (2001). La práctica del aprendizaje. En S. Chaiklin y J. Lave (eds.), *Estudiar las prácticas. Perspectivas sobre actividad y contexto*. Buenos Aires: Amorrortu.

Lave, J. y Wenger, E. (1991). *Situated learning: Legitimate peripheral participation*. Cambridge [England]; New York: Cambridge University Press.

Leatherman, C. (2000). A New push for ABD's to cross the finish line. *Chronicle of Higher Education, 46*(29).

Lee, A. y Boud, D. (2003). Writing groups, change and academic identity: Research development as local practice. *Studies in Higher Education, 28*(2), 187-200.

Lee, A. y Kamler, B. (2008). Bringing pedagogy to doctoral publishing. *Teaching in Higher Education, 13*(5), 511-523.

Litwin, E. (1997). *Las configuraciones didácticas. Una nueva agenda para la educación superior.* Buenos Aires: Paidós.

Litwin, E. (2008). *El oficio de enseñar. Condiciones y contextos.* Buenos Aires: Paidós.

Lovitts, B. (2005). Being a good course-taker is not enough: A theoretical perspective on the transition to independent research. *Studies in Higher Education, 30*(2), 137-154.

Lovitts, B. (2008). The transition to independent research: Who makes it, who doesn't, and why. *The Journal of Higher Education, 79*(3), 297-325.

Lucarelli, E. y Calvo, G. (2015). Interrogantes y aportes acerca de la formación en investigación. *Revista Latinoamericana de Políticas y Administración de la Educación, 2*(2), 130-137.

Mainhard, T.; Rijst, R. van der y Tartwijk, J. van (2009). A model for the supervisor-doctoral student relationship. *High Educ, 58*, 359-373.

Manathunga, C. (2005). The development of research supervision: Turning the light on a private space. *International Journal of Academic Development, 10*(1), 17-30.

Manathunga, C. y Goozée, J. (2007). Challenging the dual assumption of the «always/already» autonomous student and effective supervisor. *Teaching in Higher Education, 12*(3), 309-322.

Mantai, L. (2015). Feeling like a researcher: Experiences of early doctoral students in Australia. *Studies in Higher Education*. Recuperado a partir de https://bit.ly/2KIigdi

Marquina, M. y Ferreiro, M. (2015). La formación de doctores en Argentina en el contexto regional y global: tradiciones y políticas recientes. Presentado en V Congreso Nacional e Internacional de Estudios Comparados en Educación. Educación y Futuro: Debates y Desafíos en Perspectiva Internacional, Buenos Aires. Recuperado a partir de https://bit.ly/2MIIQ6O

Marquis, C. (1998). Acreditación y desarrollo de los posgrados en la Argentina. En C. Marquis, F. Spagnolo y G. Valenti Nigrini (eds.), *Desarrollo y acreditación de los posgrados en Argentina, Brasil y México. Textos para una mirada comparativa*. Buenos Aires: SPU, Ministerio de Cultura y Educación.

Marsh, H.; Rowe, K. y Martin, A. (2002). PhD students' evaluations of research supervision: Issues, complexities and challenges in a nationwide australian experiment in brenchmarking universities. *The Journal of Higher Education*, 73(3), 313-348.

Martin, E.; Drage, N.; Sillitoe, J. y Clingin, D. (2006). Knowledge creation and research training: Meeting the academic development needs of postgraduate students and their supervisors in small and new universities. En M. Kiley y G. Mullins (eds.), *Quality in Postgraduate Research: Knowledge Creation in Testing Times* (pp. 95-104). Camberra: CELTS: University of Camberra.

Martínez, E. (1999). La investigación científica: aspectos ocultos detrás de la actividad y del nombre. Presentado en Presentación de La Trastienda de la Investigación, Buenos Aires.

Matovich, I. (2014). *De doctorandos a doctores: la productividad de programas doctorales en distintos campos disciplinares* (Tesis de Licenciatura). Universidad de San Andrés, Buenos Aires, Argentina.

Maxwell, J. y Miller, B. (2012). Real and virtual relationships in qualitative data analysis. En J. Maxwell, *A Realistic Approach for Qualitative Research* (pp. 109-125). Los Ángeles: SAGE Publications.

Meirieu, P. (1998). *Frankenstein educador*. Barcelona: Laertes.

Merton, R. (1995). The Thomas Theorem and the Matthew Effect. *Social Forces, 74*(2), 379-422.

Mills, C. W. (1959). *The Sociological Imagination*. New York: Oxford University Press.

Moreno Bayardo, M. G. (2007). Experiencias de formación y formadores de programas de doctorado en Educación. *Revista Mexicana de Investigación Educativa, 12*(33), 561-580.

Narvaja de Arnoux, E.; Borsinger, A.; Carlino, P.; Di Stéfano, M.; Pereira, C. y Silvestre, A. (2005). La intervención pedagógica en el proceso de escritura de tesis de posgrado. *Revista de la Maestría en Salud Pública, 3*(6).

Owen-Pugh, V. (2007). Theorizing sport as a community of practice. The coach-athlete relationship in british proffesional basketball. En J. Hughes, N. Jewson y L. Unwin (eds.), *Communities of practice: Critical perspectives*. London, New York: Routledge.

Paltridge, B. (2015). Referees' comments on submissions to peer-reviewed journals: When is a suggestion not a suggestion? *Studies in Higher Education, 40*(1), 106-122.

Parker, R. (2009). A learning community approach to doctoral education in the Social Sciences. *Teaching in Higher Education, 14*(1), 43-54.

Pasel, S. y Asborno, S. (1991). *Aula-taller*. Buenos Aires: Aique.
Pereira, C. y Di Stéfano, M. (2008). El taller de escritura en posgrado: representaciones sociales e interacción entre pares. *Revista Signos, 40*(64), 405-430.
Perrenoud, P. (2006). *El oficio de alumno y el sentido del trabajo escolar*. Madrid: Popular.
Perry, J. (2004). Authentic learning in fields schools: Preparing future members of the archeological community. *World Archaeology, 36*(2), 236-260.
Pickering, C.; Grignon, J.; Steven, R.; Guitart, D. y Byrne, J. (2015). Publishing not perishing: How research students transition from novice to knowledgeable using systematic quantitative literature reviews. *Studies in Higher Education, 40*(10), 1756-1769.
Rosas, A. K.; Flores, D. y Valarino, E. (2006). Rol del tutor de tesis: competencias, condiciones personales y funciones. *Investigación y Postgrado, 21*(1), 153-185.
Sautu, R. (2011). Acerca de qué es y no es investigación científica en Ciencias Sociales. En C. Wainerman y R. Sautu (eds.), *La trastienda de la investigación* (pp. 53-79). Buenos Aires: Manantial.
Schön, D. A. (1992). *La formación de profesionales reflexivos: hacia un nuevo diseño de la enseñanza y el aprendizaje en las profesiones*. Barcelona: Paidós.
Sennett, R. (2010). *El artesano*. Barcelona: Anagrama.
Shulman, L. (2005). Signature Pedagogies in the Professions. *Daedalus, 134*(3), 52-59.
Spaulding, L. y Rockinson-Szapkiw, A. (2012). Hearing their voices: Factors doctoral candidates attribute to their persistence. *International Journal of Doctoral Studies, 7*, 1-21.

Subhajoti, R. (2007). Selecting a doctoral dissertation supervisor: Analytical hierarchy approach to multiple criteria problem. *International Journal of Doctoral Studies, 2*, 23-32.

Trombetta, A. (1999). *Algunos aspectos del desarrollo actual de los posgrados en la Argentina*. Buenos Aires: CEDES.

Tuñón, C. (2012). *Sobre la eficiencia interna de los programas doctorales. Estudio piloto del Doctorado de la Universidad de Buenos Aires en Ciencias Sociales* (Tesis de Licenciatura). Universidad de San Andrés, Buenos Aires, Argentina.

Unwin, L. (2007). English apprenticeship from past to present: The challenges and consequences of rampant «community» diversity. En *Communities of practice: Critical perspectives* (pp. 109-119). New York, London: Routledge.

Vitale, M. A. (2009). La reformulación de un proyecto de tesis de posgrado y el proceso de aprendizaje de un campo disciplinario. En E. Narvaja de Arnoux, *Escritura y producción de conocimiento en las carreras de posgrado* (pp. 121-137). Buenos Aires: Santiago Arcos Editor.

Wainerman, C. (2011a). Acerca de la formación de investigadores en Ciencias Sociales. En C. Wainerman y R. Sautu (eds.), *La trastienda de la investigación* (pp. 19-26). Buenos Aires: Manantial.

Wainerman, C. (2011b). Consejos y advertencias para la formación de investigadores en Ciencias Sociales. En C. Wainerman y R. Sautu (eds.), *La trastienda de la investigación* (pp. 27-51). Buenos Aires: Manantial.

Wainerman, C. y Tuñón, C. (2013). La eficiencia de los programas doctorales y su evaluación. *Revista Argentina de Educación Superior, 5*(6), 167-188.

Whitley, R. (2012). *La organización intelectual y social de la ciencia*. Bernal, Argentina: Universidad Nacional de Quilmes.

Zhao, C. M.; Golde, C. y McCormick, A. (2007). More than a signature: How advisor choice and advisor behavior affect doctoral student satisfaction. *Journal of Further and Higher Education, 31*(3), 263-281.

Fuentes consultadas

CONICET: http://www.conicet.gov.ar
ANPCyT: http://www.agencia.mincyt.gob.ar
CONEAU: http://www.coneau.gov.ar
SPU: http://educacion.gov.ar
Instituto de Tecnología de California: https://goo.gl/agBGrH
Cornell University: www.cs.cornell.edu/~jshi/brownbag/
Berkeley University of California: https://bit.ly/2tO31cq
University of Pittsburgh: https://bit.ly/2tulwCq
University of Eastern Finland: https://bit.ly/2IvPt9Z
Universidad de la República (Uruguay): https://bit.ly/2N0do4M
Argentina, Ley Nº 24.521, de Educación Superior, 1995
Argentina, Ministerio de Ciencia y Tecnología (2015). *Indicadores de Ciencia y Tecnología, Argentina 2013*.
Argentina, Ministerio de Cultura y Educación (1997) Resolución 1169/97. Carreras de posgrado, estándares y criterios, año 1997.
Argentina, Ministerio de Educación / Secretaria de Políticas Universitarias (2011) *Anuario de Estadísticas Universitarias*.
Argentina, Ministerio de Educación, Resolución Nº160/11 (2011). Estándares para la acreditación de carreras de posgrado.

Argentina, Comisión Nacional de Evaluación y Acreditación Universitaria (2005). Resolución Nº 365/05, modificación de categorización asignada.

Argentina, Comisión Nacional de Evaluación y Acreditación Universitaria (2006). Resolución Nº 698/06, acreditación de carrera de posgrado.

Programa "La formación de investigadores en las áreas de Ciencias Sociales y Humanas, y Ciencias Naturales y Exactas". Informe: Análisis de la eficiencia de los programas doctorales de la Facultad de Ciencias Exactas y Naturales, UBA. Autoras: Catalina Wainerman, Lorena Fernández Fastuca y Candela Tuñón (2012, sin publicar).

Este libro se terminó de imprimir en agosto de 2018 en Imprenta Dorrego (Dorrego 1102, CABA).

www.ingramcontent.com/pod-product-compliance
Lightning Source LLC
Chambersburg PA
CBHW021304240426
43669CB00041B/96